EXCURSIONS

D'UN ARTISTE PAYSAGISTE

PROPRIÉTÉ DES ÉDITEURS.

EXCURSIONS

D'UN ARTISTE PAYSAGISTE

EN ITALIE

GÊNES, VENISE, ROME, NAPLES

ÉTUDES, MŒURS ET CROQUIS

PAR

LE COMTE RAOUL DE CROY.

LIMOGES

BARBOU FRÈRES, IMPRIMEURS-LIBRAIRES

1874

INTITULÉ DES CHAPITRES

CHAPITRE I

Voyage, Présentation au lecteur, Adieux, De Paris à Gênes, Pochades et croquis.

CHAPITRE II

La Corniche, Finale, Gênes, les Fiesques et les Sauli, les Rues, les Palais, les Peintres inconnus, Carlo-Felice, le Café d'ell'Gran Cairo, un Touriste méthodique et méticuleux.

CHAPITRE III

Venise, aspect de la ville, Canalatto, Gondoles et gondoliers : la Place Saint-Marc, les Procuraties, les Vénitiennes, les Pigeons, la Basilique, Reliques de Saint-Marc, son clocher, Intérieur de la ville, la Nourriture, Détails de mœurs, le Zavajon, la Conjugaison Anglaise, les Cafés, leurs clients, Florian, Boccola, un Prussien philologue, les Casini.

CHAPITRE IV

Venise, le Palais ducal, les Inquisiteurs, Denunza segreta, les Prisons, le Pont des soupirs, les derniers Condamnés, Conquête de Venise, Povera Venezia, les Citernes, les anciens Palais, Décadence de Venise.

CHAPITRE V

Léopold Robert, sa résidence à Venise. M. Jal et la portière, les Pêcheurs de la Chiogga, Détails intimes, Bracassat, Henri Monnier, Marcotte, le Tableau des Moissonneurs, Schnetz, Caractère de Robert, amour malheureux, sa mort.

CHAPITRE VI

Rome, Arrivée, l'Aria cativa, la Porte del Popolo, Saint-Onéfrio; Opinion d'un élégant Parisien, Saint-Pierre, la place, le portail, les bénitiers, la coupole, les sans Pietrini, les baldaquins, le Bramante, Michel Ange, Maderne et le Bernin, effet général, Rome pittoresque, Michalon, le Sirocco, un Jour de fête.

CHAPITRE VII

La Place d'Espagne, le Corso, l'Académie de France à Rome, quelques Directeurs, Schnetz, Horace Vernet, Ingres, l'Académie et Stendhal, la Villa Médicis, Berlioz, son arrivée à Rome, la Vie des pensionnaires de l'état, les Peintres sans avenir.

CHAPITRE VIII

Rome, l'Art musical en Italie, la Musique religieuse, au théâtre, dans la campagne de Rome, Aptitude des Italiens pour la musique de chant, leur infériorité sous les autres rapports.

CHAPITRE IX

Rome, la population Romaine, la classe moyenne, la classe titrée, les mœurs, une conversazione, anedoctes.

CHAPITRE X

Un Homme bien malheureux, étude.

CHAPITRE XI

Rome, le Vatican, les tableaux et les statues, les peintres anciens et modernes, Angélika Kauffman, Mengs, Camucini, Serquel, Sigalon, Henri Regnault, Canova, Thorwaldsen, etc., les copistes, l'école Allemande, les mosaïques, l'avenir de l'Italie par rapport aux arts.

CHAPITRE XII

Les Environs de Rome, le Latium, Albano, Nettunio, H. Vernet, Excursion aventureuse, les Brigands et M. Legouvé, Singulier moyen de sortir d'embarras, l'Ogre et sa tanière.

CHAPITRE XIII

Etablissements hospitaliers, Pèlerins, Saint-Louis et Saint-Ives, fondation Sisco, etc.

CHAPITRE XIV

De Rome à Naples, les Compagnons de route, le Veturino, Velletri, Cisterna, les Marais pontins, Bocca di Fiume, Terracine, les Brigands, anecdote, Fondi, Mola di Gaeta, M. de Quatrebarbes, Capoue, Naples.

CHAPITRE XV

Naples, physionomie de la cité, croquis faits dans la rue, les Lazzaroni, les Facchini, les marchands de comestibles, les Napolitains, Politique populaire, le roi Nazon, Garibaldi, les Millions disparus, Dialecte, Chanson, Représentations théâtrales, etc.

CHAPITRE XVI

Le Vesuve, Chiatamone, Streda nuova, Marinella, les Guirlandes d'écorces, Portici, son palais, Farini, Résina, l'Hôpital, Torre de l'Annunziate, les Guides, les Voleurs, Ascension, l'Ermitage, les Vins, le Cratère, Enthousiasme, Un peu d'histoire, Légendes, Descente, le Livre des voyageurs, les Calembourgs.

CHAPITRE XVII

Pompéi et Herculanum, Visite au musée Borbonico, Pompéi et l'inondation, hôtel Diomède, Aspect de la ville, les Diomède, Temple d'Isis, le Pauvre Homme! Atelier de peinture, Maison de Pansa, Dévastation des Anglais, le Rêve, les Bains, l'Amphithéâtre, Chateaubriant et la reine Caroline Murat, les Papyrus, Herculanum, Catacombes, une Fleur de vingt siècles.

CHAPITRE XVIII

Résumé, la nation, la langue, les arts, situation politique, conclusion.

AVIS

Les pages qui suivent ont pris leur source dans de nombreuses notes de voyages accomplis à différentes époques en Italie.

Quelques-unes sont anciennes, d'autres remontent à moins de deux années.

Nous avons profité des renseignements qui nous ont été fournis par des hommes du monde, des littérateurs et des artistes ; nous payons ici un reconnaissant tribut à ceux qui, hélas ! ne sont plus : madame Delphine de Girardin, comte d'Estourmel, de Quatrebarbes, Th. Gautier, H. Vernet, E. Lepoitevin, Michalon, E. Bertin, Berlioz, etc., dont le souvenir vivra longtemps dans la pensée de ceux qui ont eu le bonheur de les connaître.

COMTE RAOUL DE CROY.

Château de Crémault, 1872.

CHAPITRE I

Voyage. — Présentation au lecteur. — Adieux. — De Paris à Gênes. — Pochades et croquis.

Au moment d'accomplir un voyage, on se préoccupe naturellement de beaucoup de détails que va exiger cette vie nouvelle dont chaque journée devra laisser un souvenir.

Au milieu des sites, des monuments s'offrant sous un aspect constamment différent, un désir vous vient à la pensée, c'est de rencontrer un élément plus stable dans l'association de quelques compagnons d'aventures. Appréciations, fatigue, petits bonheurs, impressions de toute espèce gagnent beaucoup à être partagés. Le jugement se rectifie par les émotions diverses, les fatigues s'adoucissent, les impressions sont plus vives parce qu'il s'y ajoute une pensée autre que la vôtre qui la complète et la vivifie. Mais s'il est facile de rêver à une combinaison de ce genre, il n'est pas aussi aisé de la réaliser. Pour rencontrer cet homme instruit sans pédantisme, expérimenté sans inertie, dévoué avec réserve, n'ayant aucune spécialité absorbante, de la santé de reste, de la bonne humeur contenue et encore beaucoup d'autres choses, on pourrait courir longtemps le monde et découvrir difficilement cette paillette d'or dans l'alliage de l'humaine nature; aussi avons-nous pris le parti de voyager seul, ne demandant aux circonstances que des rencontres de hasard ou de sympathies.

Toutefois, comme nous espérons être accompagné par le lecteur, il a le droit, de son côté, de savoir avec qui il chemine; en peu de mots nous allons le satisfaire, ce sera une photographie physique et morale.

Né dans un département du nord de la France, contrées un peu brumeuses qui rachètent le défaut de soleil par l'intimité des impressions, le goût du travail, la rêverie, l'absence de la gasconnade bruyante et stérile, nous avons vingt-cinq ans au moment du départ; grand, blond, maigre, souple et vigoureux, aimant les ats avec passion, la nature plus que les hommes, un beau coucher du soleil plus que tous les monuments du monde, voilà pour la personnalité.

Appartenant à une classe moyenne, rejetant les sentiers qui

conduisent pas à pas à la fortune, passionné pour la gloire, la peinture, dès notre enfance, avait nos prédilections exclusives. Entré à l'atelier de Picot, ce classique auteur de l'*Amour et Psyché*, deux années d'études initiatives nous amenèrent à juger le maître et l'élève ; le premier, producteur du joli de convention ; le second, n'acceptant ni l'école de David, ni celle de Delacroix, et, par attraction autant que par amour de la nature, se réfugiant toujours dans le paysage.

On se juge mal soi-même ; les concours vous donnent une appréciation qui n'est pas toujours intelligente, mais qui, surtout quand on échoue, vous excite à de nouveaux efforts. Ce fut ce qui m'arriva. Je me mis sur les rangs pour le grand prix de Rome, j'entrai en loge, je fis un paysage médiocre, reproduisant un pays qui m'était inconnu, je n'obtins que des critiques, ce qui était juste ; ce qui le parut moins, c'est que l'artiste qui conquit le prix ne valait pas mieux que moi.

Après quelques mois de découragement, la vocation reprit le dessus, je réunis mes épargnes, qui n'était pas celles des millionnaires, et je résolus de faire à mes frais le voyage d'Italie, puisque le gouvernement avait la petitesse de me refuser son concours.

C'est toujours une chose triste et ennuyeuse qu'un départ. On quitte ce qu'on connaît, ses habitudes, ce qu'on aime ; ce qu'on va chercher ne saurait se dessiner d'une façon bien nette dans notre pensée. Il faut se séparer de la main amie pour se trouver perdu au milieu d'étrangers pour lesquels vous n'êtes qu'un embarras ou un tributaire, et puis les accidents, la maladie et la langue qu'on redoute de ne pas savoir ! Il est vrai que tous ces papillons noirs s'envolent après les premiers tours de roue. Les ennuis de l'absence, a dit le fabuliste, ne sont pas pour ceux qui s'en vont, mais pour les aimants qui restent.

J'avais une sœur, elle avait dix-huit ans, blonde comme les blés, rose et blanche, rieuse aux yeux noirs, eh bien ! ces jolis yeux étaient pleins de larmes... Qui s'en serait séparé sans un peu d'émotion au cœur ?...

Rassurez-vous, lecteur, je ne vais pas vous arrêter d'étape en étape, mais aussi, je vous en préviens, nous ne voyagerons pas en chemin de fer. Un touriste, ennemi des admirations vulgaires, des guides, des cicerone, cherche, regarde, étudie ; il lui faut sa liberté, son vagabondage, s'il veut glaner après toutes les récoltes de ses prédécesseurs. Dieu a fait les beaux sites pour qu'on les admire aux différentes heures du jour ; le génie humain, les chefs-d'œuvres pour être contemplés à loisir.

Voici le faubourg de Serin, là le faubourg de Vaise, à droite et à gauche des ponts suspendus jetés par enchantement sur la Saône ; là-haut j'aperçois les coteaux de Fourvières, au-dessous la cathédrale gothique, c'est Lyon, la ville aux trois cent mille âmes, riche, active, industrieuse, mais qui n'a jamais réussi à me plaire.

Sans doute, c'est une belle chose que les quais du Rhône, lorsqu'un ciel pur laisse voir à l'horizon la pointe nuageuse du Mont-Blanc, le sommet neigeux des Alpes, quand la plaine des Brottaux est bien verte, et que les hauts arbres de la Tête-d'Or balancent leur cime à l'air frais du matin, quand le fleuve aux flots rapides emporte les légères embarcations qui fuient sous vos regards ; mais ceci n'est pas la ville : la ville est tout autre chose.

Vous pénétrez dans un dédale de rues étroites, sales, on y étouffe, on y suffoque ; les maisons noires, hautes, laides, à sept étages, vous y écrasent, vous cachent le ciel, la lumière ; un pavé pointu, emprunté au lit du Rhône, vous meurtrit les pieds et vous agace ; les hôtels, les maisons, les boutiques manquent d'air et de jour, aucun goût dans les constructions, une horrible tristesse partout ; une seule pensée dominante : gagner de l'argent, faire des affaires ; les tracasseries de la petite ville, les haines politiques des grandes cités ; aucun sentiment délicat des arts, et pourtant Lyon a des galeries, elle a eu une école de peinture dont les petites machines de Révoil indiquaient la portée; le goût de nos jours s'est réfugié dans l'application du dessin à l'industrie.

Le bateau à vapeur nous emporte; nous descendons le fleuve ; ce n'est plus l'isolement de la voiture, la banquette forcée du chemin de fer ; ici du moins on peut aller, venir, respirer, et l'on a fort à faire à regarder, car la Saône change incessamment de décor. Malgré nous, toutefois, notre attention est appelée par moment sur nos compagnons de voyage ; il y a du type atédiluvien dans notre entourage.

Sur un banc rouge touchant la galerie du bas-bord est assis un couple qui porte le cachet de son origine. La jeune mistriss est longue, frêle, blanche, avec des boucles de cheveux défrisant que la brise s'amuse à mêler ; elle porte un chapeau de paille, un voile vert, une robe rose et des gants noirs. Ses pieds sont longs, ses dents sont longues, son appétit à l'avenant, car elle mange toujours. Le gentleman qui se trouve près d'elle est chauve ; il a des favoris jaunes qui pourraient lui servir de bretelles, un gros ventre. un pantalon verdâtre, un gilet blanc ; d'une main il tient son Guide Joanne, de l'autre une petite longue-vue qu'il passe souvent à sa compagne. Dieu sait quelle curiosité ! Lorsque les *travellers* pensent avoir découvert quelque chose, c'est un flux de paroles d'une harmonie plus que douteuse. Ces sons discordants troublent le sommeil d'un chien sale qui dormait sous le banc ; il sort de son coin, s'élance sur les étrangers et se met à aboyer avec fureur. L'Anglaise, impatientée, menace l'animal de son ombrelle, ce qui l'irrite ; il s'élance il va mordre, lorsqu'un coup de pied du gentleman l'envoie rouler sur le pont en changeant sa colère en cris de douleurs.

La chose aurait pu se terminer là si le roquet n'avait pas eu un maître, et si le maître n'avait pas été un de ces bateliers du Rhône, grossiers, noirs, trapus, peu disposé à le laisser battre. D'un bond cet homme, qui portait une demi-vareuse laissant voir une poitrine velue, un pantalon de toile grise et un berret noir à gland rouge, se trouve auprès du donneur de coup de pieds; un formidable juron sortit de sa bouche, et, avec cet accent lyonnais que nous ne saurions noter, il commença une kyrielle d'injures qui semblaient n'avoir aucune influence sur notre Anglais; mais la querelle changea bientôt de face. Enhardi par le silence de son adversaire, le batelier prit le bras du gros homme et le secoua rudement : à l'instant la physionomie de l'Anglais subit une véritable métamorphose : les traits du visage se contractèrent, les poings se fermèrent, et il se posa comme un homme prêt à entamer une agréable partie de boxe. Le marin le comprit, il recula de quelques pas, laissa l'Anglais mettre proprement son chapeau, son habit et sa cravate sur le banc, et les deux adversaires se trouvèrent face à face.

Ici le génie des deux nations se révéla, l'Englishman ne songeait qu'à frapper, le citoyen du Rhône à saisir son adversaire; peut-être allions-nous assister à une scène de pugilat digne des héros d'Homère, lorsque le capitaine intervint, et, non sans peine, arrêta les combattants. Il fallut deux matelots du vapeur pour entraîner le Français jurant toujours; quant à l'Anglais, il ne dit mot, remit froidement sa cravate et son habit, et vint rejoindre sa compagne qui, durant ce temps, n'avait cessé de manger, et tous deux disparurent dans la cabine des premières pour aller sans

Excursions. 2

doute oublier la *polissonne* avec quelques verres de grog ou de claret.

— Oh ! ces goddams, dit une vieille femme au nez rouge, à la tournure obèse, en v'la que je n'porte pas sur mon cœur... on aurait dû lui laisser râcler son beafteeck. Pourquoi qu'il bat nos chiens, à c't'heure ?...

— C'te bête, exclama une autre femme maigre, çà l'agaçait de voir manger sans lui !

— Eh ! qué né vénez chez nous qué pour prendré les meilleurs ! s'écria un Marseillais.

— Mesdames et Messieurs, exclama un garçon perruquier coiffé en coup de vent, les Anglais, ce sont des cannibales !...

Là-dessus, la cloche du bateau-vapeur sonna, on faisait escale, les passagers portèrent ailleurs leur attention. Je descendis à la cabine, en compagnie d'un vieux monsieur en culotte courte qui me suivit en répétant : — Cannibale, cannibale ! je ne sais pas quelle est l'étymologie ; mais il y a du chien là-dedans, et c'est le chien qui voulait manger l'Anglais ; ces gens-là ne savent pas leur langue !

CHAPITRE II

La Corniche. — Finale. — Gênes. — Les Fiesques et les Sauli. — Les Rues. — Les Palais. — Les Peintres inconnus. — Carlo-Felice. — Le Café dell' Gran Cairo. — Un Touriste méthodique et méticuleux.

La Provence, c'est déjà l'Italie; nous nous arrêtâmes deux jours à Marseille, hésitant entre le trajet par eau ou par le chemin de la Corniche, si pittoresque et si accidenté. Les ennuis d'une quarantaine plus ou moins longue à subir me décidèrent à passer par Monaco; je ne parlerai pas de ces villes devenues à peu près françaises, j'arrive de suite à Gênes si remarquable sous beaucoup de rapports.

Ce chemin de la Corniche m'a donné plus d'un motif de croquis et il m'a laissé bien des souvenirs.

Je me rappelle particulièrement une nuit, au clair de lune ravissant, où après avoir côtoyé le rivage et avoir laissé derrière nous la *Galinara*, grande et large roche dans la mer à la hauteur de l'*Alberga*, la voiture se mit à gravir lentement la rampe de *Finale*. Ce changement de vitesse me réveilla, et mes yeux plongèrent à droite dans un épouvantable précipice tandis qu'ils s'arrêtaient à gauche sur des blocs de rochers taillés à pic. La route était bonne, bien unie, bien entretenue, mais si étroite qu'il n'y avait pas un pied de terrain de chaque côté des roues de notre véhicule. Dans cet endroit, la Corniche n'est pas à moins de trois cents pieds au-dessus de la mer, et c'est à peine si quelques bornes, quelques tas de pierres, un bout de muraille sont là aux endroits les plus dangereux pour assurer la sécurité du voyageur. On frémit quand la réflexion vous présente la série de petits accidents très-vulgaires qui pourraient amener une épouvantable catastrophe. Heureusement les postillons sont habiles et soigneux, leurs chevaux sont habitués à suivre toujours la même voie. Cependant il vint un moment où je me trouvai presque debout dans le coupé tant la descente était rapide ; le vieux carrosse dont les roues étaient enrayées glissait et ne roulait plus. Le postillon retenait ses chevaux, dont le porteur et son voisin le sous-verge étaient dans un écartement oblique au timon qui armait leurs pieds contre les glissades, et les plaçait comme un premier obstacle en cas de chute. Le conducteur veillait aux sabots ; un homme, dont c'est l'unique métier, marchait à côté de la diligence avec de grosses pierres pour caler, au besoin, les roues de derrière ; ajoutez que nous avions douze évolutions en zig-zag de la route à parcourir; ces lacets dans la montagne ont cela d'effrayant, qu'à leurs angles la pointe du timon tourne tout-à-fait au-dessus de l'abîme. Nous arrivâmes pourtant dans la plaine, et l'émotion se calma, mais elle était bien faite pour laisser des souvenirs.

Ces soixante lieues de Corniche sont remplies d'aspect merveilleux, toutefois les personnes nerveuses pourront peut-être trouver qu'elles les achètent trop cher.

Dès le matin, nous aperçûmes Gênes dans la chaude vapeur dont le golfe était couvert.

Voilà *Pegli* et *Sostri*, aux gracieuses maisons de campagne ; voilà le pont de *Cornigliano* et la riche vallée de *Polavera ;* nous quittons l'*orletto* de la Méditerranée, les vignes suspendues en guirlandes, le mûrier, l'olivier, le citronnier, le grenadier au bois tourné en hélice, le myrthe en buissons, l'arbousier aux feuilles luisantes, les nopals et parfois les palmiers, tout cela se groupe, se mêle, s'harmonise dans des terrains ou des gazons aux chaudes couleurs, dessinent leurs silhouettes vigoureuses sur un ciel d'azur; les paysages disparaissent : nous entrons à Gênes.

Sur le bord de la mer Méditerranée, à l'extrémité du golfe auquel elle a donné son nom, adossée en amphithéâtre à une montagne des Apennins, entre deux torrents ou rivières dont l'un se nomme *Pisagno* et l'autre *Polcevera*, s'élève l'antique *Genova*. Au levant, elle s'étend jusqu'au golfe de la *Spezia*; au couchant, elle va rejoindre la principauté de Monaco. De quelque point que l'on arrive à la capitale de la Ligurie, soit par mer, soit par terre, on jouit du plus beau coup-d'œil. Ce qui rend la perspective admirable, c'est le nombre des palais, des maisons de plaisance qui couronnent les hauteurs et qui, à une certaine distance, semblent suspendues dans les airs.

Nous étions descendus à l'*Albergo* des Quatre-Nations, à vingt pas de la diligence, mais la nuit était arrivée, il fallait attendre au lendemain pour mieux juger de la ville. Dès le point du jour j'étais sur pied, je courus à ma fenêtre, et, grâce aux indications d'un valet de place qui venait s'offrir de me servir de *cicerone*, je pus me rendre compte rapidement des monuments qui frappaient mes regards.

Au fond, à gauche, voilà le quartier du Vieux-Môle, un des plus anciens de Gênes, auquel il peut suffire pour son illustration d'avoir donné le jour à Colomb, le fils d'un cardeur de laine, qui devait doubler le monde. Plus près de nous, deux tours carrées, restes des anciennes défenses dont jadis chaque noble Génois entourait son palais, pour pouvoir soutenir un siége, élèvent leur sommité de briques autrefois rouges, maintenant teintes de noir. Entre ces deux tours, plus loin, un clocher en pyramide quadrangulaire écrasée, appartenant à Notre-Dame de Grâce. Maintenant la coupole de la Santa-Maria de *Carignano*, sur la construction de laquelle court une tradition que je vais donner au lecteur comme physionomie de Gênes au xvie siècle.

Près des Fiesques habitait la famille *Sauli*, riche et puissante, mais dont le palais ne contenait pas de chapelle ; pour entendre la messe, madame Sauli allait à celle des *Fiesques;* un certain jour, un peu indisposée, elle envoya prier qu'on retardât de quelques instants la célébration de la messe : les Fiesques refusèrent. Madame Sauli fut outrée de ce refus, elle pleura, et, comme elle était jeune et jolie, ses larmes la rendirent irrésistible. Son mari était absent lors de cette aventure ; à son retour, grandes doléances : — Ah ! si j'avais une église à moi ! disait la dame ; ne suis-je pas aussi riche et plus belle que mon odieuse voisine ; faut-il recevoir une semblable humiliation. Sauli était italien, il fut facile d'exciter son humeur jalouse : il promit une chapelle à la belle éplorée. Au lieu de provoquer l'un des Fiesques, il envoya chercher un architecte : — Pourriez-vous, lui dit-il, me construire une église grande, belle, imposante ? — Oui, Excellence. — Une église qui écrase cette mesquine chapelle des Fiesques, et qui domine Gênes ? — Sans doute, Excellence. — Et quand sera-t-elle terminée ? — Quand vous voudrez, question d'argent. — Eh bien ! vos plans, à l'œuvre ; mon intendant vous donnera tout l'argent que vous demanderez, mais que cette église jaillisse de cette colline comme de mon jardin jaillissent les jets d'eau. *Galéas Alessi* était un habile architecte ; ses plans furent approuvés. Sauli alla à Rome se jeter aux pieds du Saint-Père, et lui demander en faveur de son église des priviléges et des immunités : ils lui furent accordés, et, vers 1554, une petite imitation du Vatican fut achevée. Madame Sauli ne pleura plus, et les Fiesques furent humiliés ; vengeance bien pardonnable. Ces Sauli d'ailleurs devaient être très-riches, car ce monument n'est pas le seul dont ils aient doté leur ville : le pont si hardi, si élevé, qui joint les collines de *Sarrano* et de *Carrignano*, est encore leur ouvrage.

Mais descendons de notre observatoire, et faisons une première et matinale incursion dans la ville, libre de toute contrainte, des explications écœurantes des guides, surtout des indications vulgaires qui contraignent le voyageur à être le perroquet d'un cicérone, ou l'écho stupide de l'admiration populaire.

Une fois dans la rue, la lumière fuit : tant elles sont étroites, les entablements des maisons se touchent, c'est à peine si on entrevoit une raie bleue du ciel. Outre ce défaut de largeur, leur rapidité en défend la circulation aux voitures. Quelques-unes ont dans le milieu une sorte de sentier pavé de briques rouges qui permet aux mulets chargés de fardeaux de gravir ces voies douloureuses.

Deux rues seulement sont accessibles aux attelages : l'une d'elles, la *strada Balbi*, est entièrement bordée de palais plus magnifiques que ceux de Rome, moins tristes, moins délabrés, et peut-être plus propres. Je dis peut-être, car l'extérieur est également souillé d'ordures et à Rome et à Venise, ainsi qu'à Gênes ; il est passé dans les mœurs de considérer les vestibules du palais comme autant de water-closets publics ; les étrangers ont de la peine à pardonner une telle licence et à la sentir. Un jour, je le disais à un Italien assez fashionnable : — *Ma é un pallazzo !!!* me répondit-il.

Généralement les palais de la rue Balbi sont construits autour d'une cour, et les appartements se trouvent au troisième où on a un peu d'air et de jour. Du reste, il en est de même dans tout le reste de l'Italie ; on ne croit pas déroger à Rome en logeant sous les gouttières ; le propriétaire occupe souvent le quatrième, et ce serait bien le cas d'appliquer aux résidants de ces somptueuses demeures l'expression des gens de bas étage pour qualifier ceux qui se respectent assez peu pour habiter un premier. Les toits en terrasse des palais génois sont ornés de plantes, d'arbrisseaux et même d'arbres, tels que le myrthe, le grenadier, l'oranger, qui croissent non seulement dans des caisses, mais dans une couche de terre profonde de plusieurs pieds qui repose sur une voûte. L'eau y monte, coule parmi ces bosquets, et y entretient la verdure durant l'été. Quelquefois ces terrasses, au niveau des appartements, pavées du même marbre, décorées et éclairées de la même manière, permettent de tenir la conversation ou réunion en plein air; si vous levez la tête, au lieu des peintures et des dorures du plafond, vous voyez les étoiles, et ce n'est pas, je vous assure, la moins étincelante décoration de ces intérieurs plus que simples ; des tableaux, et peu ou point de meubles, des enfilades de pièces sombres, tandis qu'au départ, deux domestiques allument des torches pour vous reconduire jusqu'à la rue, sauf à aller réclamer, le lendemain, l'*incerto*, c'est-à-dire une aumône.

Nous reviendrons plus tard sur ces intérieurs italiens, assemblage de faste et de misère, mensonge perpétuel au public ahuri ; mœurs tout à la fois religieuses et dépravées ; orgueil de race et laisser-aller de conduite ; en un mot, une sorte d'existence que l'on ne trouve que dans les hautes classes de ce pays, où tout est pour l'apparence, le bruit, la parure et le mouvement, contraste des choses qui se mêlent, se heurtent, et cependant trouvent moyen de vivre ensemble.

Gênes est certainement une des villes d'Italie qui renferme le plus de richesses ; nous parlerons tout à l'heure des magnifiques galeries d'objets d'art qui remplissent les palais. L'aristocratie génoise se sent encore de ses anciennes habitudes commerçantes ; elle n'a pas fondé de fortune sur la propriété territoriale ; ses capitaux sont placés dans les fonds étrangers ; on évalue à dix-sept millions les pertes qu'elle éprouva lors de la dernièr révolution ; c'est de cette époque que date l'émigration regrettable de quelques admirables tableaux qui passèrent des belles et lumineuses galeries, où tout le monde pouvait les voir, aux sombres collections de l'Angleterre, fermées à tout ce qui n'est pas de la *nobility*, ou de la *gentri*, baronet ou riche comme un gentleman de retour des Indes.

Revenons à la Cité génoise :

Trois rues, qui, pour ainsi dire, n'en font qu'une depuis la porte Saint-Thomas jusqu'à celle d'*Acqua sola*, se distinguent par leur longueur ; elles ont des espèces de trottoirs garnis en dalles ; elles servent de promenades et sont bordées de palais. Des restes de fresques s'aperçoivent encore sur les murs ; des madones sont peintes ou sculptées sur la façade des maisons ; on en voit qui sont décorées de fleurs et garnies d'un luminaire, mais c'est particulièrement dans les quartiers peu fréquentés que se montrent ces témoignages de dévotion extérieurs. La largeur de ces trois grandes voies donne accès à l'air et au soleil, mais elles ne vous initient pas de même que les rues étroites aux mœurs populaires. Dans une partie de Gênes les habitants passent la journée à la porte de leur boutique, ou dans de petites échoppes qui obstruent la circulation. Ici ce sont des paniers de fruits, des fleurs, des marchands de macaronis ; plus loin des femmes tricotent, filent, chantent ou bâillent ; on dîne, on soupe dans la rue ; on les voit manger leur *minestra* au grand air ; il n'y a pas de luxe dans leur repas ; la cuisine se fait en public ; les maisons ne semblent avoir été construites que pour dormir.

Mais lorsque nous arrivons en face du palais ducal, nos regards du moins se reposent; sa façade, élevée par *Simon Antoni*, est toute en marbre blanc. Autrefois ce palais était la résidence et la prison des Doges ; nous disons la prison, parce que, par un usage singulier, ces magistrats, une fois élus, ne pouvaient plus quitter cette résidence même pour aller à l'église : ils s'y rendaient par une galerie couverte.

Pasta di doggia, pâte de doge, est une expression passée en proverbe, pour désigner les hommes dont le caractère se compose des éléments les plus doux et des qualités les plus malléables.

On a tant écrit sur les palais de Gênes, dont on a fait des demeures enchantées dignes des Mille et Une Nuits, qu'il n'y a plus rien à en dire, sans tomber dans des répétitions fastidieuses. Beaucoup de choses, d'ailleurs, appelleront la critique plus que l'éloge. Dans le palais de la reine, hors deux Valentin, peintre fort médiocre, il n'y a rien de passable. Au palais du roi, un Paul Véronèze : la Madeleine au pied du Christ est digne de ce grand coloriste. Le palais Brignole (le palais rouge), possède des chefs-d'œuvre des plus grands maîtres : il offre certainement une des plus belles collections de l'Italie. Un magnifique Van Dick, dans le palais Palavicini. Quelques tableaux de l'Albane ont été déshonorés par l'ordre d'une dame de cette famille; la nudité des nymphes offusquait ses regards modestes ; un Franceschini a subi le même sort : un barbare a jeté sur le sein de la Madeleine des cheveux qui cachent le modelé charmant de la sainte, qui avait tant aimé. Comprend-on cette misérable pruderie d'une aristocratie née au milieu des arts, dépositaire des chefs-d'œuvre appartenant au monde entier; chefs-d'œuvre qu'il était si facile de vendre, quand les mutiler devenait presque un crime.

Les églises sont riches en toiles vigoureuses, mais noires par suite de la négligence que les Italiens mettent à nettoyer leurs tableaux. L'Annonciade renferme une très-belle cène de Procacino; Saint-Cyr, des œuvres remarquables de *Sarzana*, du *Guide*, de *Castelli*, etc.

Il y a d'ailleurs une étude sérieuse à faire dans toutes ces galeries, au pourtour de ces églises décorées de splendides peintures. Je suppose que vous marchez sans guide, sans parti pris de vous mettre à genoux comme le vulgaire, devant les œuvres signées du nom d'un grand maître, au lieu de chercher ce qui vous frappe, vous surprend, vous émeut; eh ! bien, le plus souvent, ce seront des sujets traités par *Daniel Crespi*, *Cambiaso*, les *Piola*, *Pomeramio*, *Sarzana*, les *Mentazani*, *Ferrari*, *Scotto*, les *Castello*, *Semino*, les *Capucino*, *Parodi*, *Baggi*, *Solimene*, *Galleotti*, *Franceschini*, les *Carlone*, et tant d'autres dont les noms sont à peine connus en France, qui attireront vos regards et captiveront votre suffrage, tandis que vous demeurerez froid en face de certaines œuvres de Léonard de Vinci, de Michel-Ange, du Guide, des Carrache, des Titien, des Palma, des Corrège, etc., dont l'immense réputation a tout absorbé, et dont les productions sont passées à l'état de fétiches pour un grand nombre d'amateurs.

Ces journées de visite des palais, les courses dans les legni, sorte de vieux fiacres mal attelés et encore moins rembourrés, sont fatigantes ; aussi revient-on généralement chez soi la tête lourde, les yeux éblouis, mais fatigués. Le soir, il y a peu de plaisirs à Gênes ; le théâtre de *Carlo-felice*, le café *del gran Cairo*, le seul que les femmes se permettent de fréquenter, tels sont les délassements offerts au touriste fourbu de trop d'admiration. Un mot de chacun de ces rendez-vous du plaisir.

Le théâtre Carlo-Felice s'annonce mal, sa façade est lourde, malgré ses six colonnes de marbre blanc ; l'intérieur n'a rien de plus séduisant. Ainsi que dans tous les théâtres de la Péninsule, on y cause, on s'y visite, même on s'y dispute. Les femmes semblent songer médiocrement à plaire à Gênes : elles ne font pas de toilette : celles de quelques vieux *cavaliere servanti*, en culottes courtes, en long gilet de soie, laissant échapper un jabot monstre, la queue en catogan, les cheveux poudrés en ailes de pigeon prêtent assez à la caricature. Le soir où nous entrâmes au *Carlo-Felice*, on exécutait l'*Agnese* de Paër, cette étoile nébuleuse qui précéda le lever de Rossini. L'orchestre était passable, très-inoffensif, mais, hélas ! que dire de la grosse caisse dont on avait renforcé la musique modérée de Paër ! Comprend-on que dans un pays de mélodie on se permette de dénaturer ainsi une partition.

Madame *Ferlotti* chantait le rôle d'Agnese ; elle se serait bien gardée de jouer en cantatrice qui sait, à un franc près, ce que son gosier peut lui rapporter chaque année ; elle continuait sur la scène le far-niente de ses journées ; on eût dit qu'elle faisait une répétition de son rôle, et les autres chanteurs marchaient à l'avenant.

Si quelques théâtres en Italie sont mieux partagés que le Carlo-Felice de Gênes la Superbe, les cafés ne sauraient revendiquer aucune attraction du local ; celui dell' Gran-Cairo est aussi triste que celui de Floriano à Venise, ou de Greco, à Rome, qui réunissent les étrangers et les artistes. J'ignore si cette absence de luxe et de décorations éclatantes résulte des mœurs du pays, mais il est certain qu'aucune nation continentale, en y joignant l'Angleterre, ne fournit autant que la France une population de désœuvrés, de bavards et de crétins, pour remplir ces lieux de réunion qui sont aussi loin du salon que de la famille. Au Gran-Cairo, nous avons dit que les femmes venaient s'attabler dans la soirée, mais elles n'offraient rien de saillant. Elles ne posaient pas pour un artiste ; celles qui portaient le *mezaro*, grand voile blanc qui recouvre la tête, étaient rares ; plus rares encore les élégantes ayant équipage. En Italie, d'ailleurs, le public des cafés a plus de savoir-vivre qu'en France : pas d'interpellations bruyantes, d'éclats de rire prétentieux, de confusion de voix causant sans s'écouter et sans s'entendre. Chaque habitué a sa place, son heure, sa consommation ordinaire ; il n'y a que dans les réunions tout-à-fait populaires ou mélées d'étrangers que le bruit se fait remarquer.

Fatigué des courses de la journée, je dégustais lentement une tasse d'excellent café, léger, fin, parfumé, quand on vint s'asseoir à la table que j'occupais. Il faut dire qu'en Italie les tables de café sont généralement petites, en bois et assez grasses ; ce voisinage inhabitué me fit examiner le nouveau venu : le premier coup d'œil me le fit reconnaître aussitôt, quoique je n'eusse pas du tout l'honneur de le connaître ; mais l'homme, je veux dire l'enveloppe, m'était apparue vingt fois depuis le matin dans les églises, les galeries, au seuil, pour ainsi dire, de chaque palais. Ce personnage, vêtu comme en plein hiver, quoique nous jouissions de 18° de chaleur, avait même excité ma curiosité par son mutisme, son examen soigneux des choses, et les notes aussi brèves que possible qu'il semblait prendre : s'arrêtait-il devant un tableau ? il consultait son calepin, cherchait la signature du peintre, embrassait le sujet d'un regard et passait outre ; chaque station donnait lieu à la même scène, seulement je dois ajouter que je le voyais toujours prendre une grosse épingle au revers de son paletot, et la piquer de nouveau à la même place, sans que je pusse me rendre compte de l'usage qu'il lui donnait.

— Monsieur est français ? me dit-il après un salut.

Je répondis par une inclination.

— Concitoyen ?

— J'ignore, monsieur, d'où vous êtes.

— Ah ! oui ; pardon ! je veux dire collègue, monsieur est peintre ; je l'ai rencontré dans l'atelier de Picot, il y a quelques années.

— J'ai le tort de l'avoir oublié.

— Oh ! le mal n'est pas grand ; je ne suis, monsieur, qu'un amateur, mais un amateur passionné. J'ai déjà consacré une année à parcourir l'Espagne pour juger l'école espagnole ; l'année présente va être donnée à l'Italie, la prochaine à l'Allemagne, et.....

— Mes compliments, monsieur ; vous devez être doué d'une bien riche mémoire.

— Non ! oh ! non, vraiment, très-ordinaire, et c'est parce que je m'en suis aperçu en parcourant les musées et les collections d'Angleterre, que je me suis créé une méthode que je crois excellente pour voir vite, bien, et pour fixer absolument le souvenir.

— Monsieur, je serai heureux de la connaître.

— Ce n'est pas un secret, monsieur, oh ! non, d'ailleurs..... enfin, si cela peut vous être utile, voilà comme je procède.

L'amateur passionné tira de sa poche une sorte d'agenda, où il avait noté pour chaque jour de la semaine, d'après *Nibbi* et quelques autres guides, une liste des objets qu'il avait à voir ; ce ne fut pas sans un certain mouvement d'amour-propre qu'il me le présenta tout ouvert.

— Voilà, dit-il.

L'écriture en était peu lisible, la matière fort mêlée, le palais touchait l'albergo, l'église donnait la main au théâtre, les tableaux des grands maîtres aux adresses des marchands ; j'y vis même l'indication d'une Nymphée du Guide à peu près confondue avec le nom de Donizetto, le meilleur arrangeur, pour le présent, de macaroni sous les arcades de *Sottoripa* du port franc.

— Eh bien ? lui dis-je sans comprendre.

— Ah ! oui, eh ! eh ! il manque quelque chose : voyez ces piqûres ; tenez, voici l'épingle, c'est bien simple : j'écris le matin, je pique chaque fois que j'ai vu ; je ne suis pas exposé ainsi à voir deux fois le même objet.

Je levai les yeux sur l'amateur avec une expression qu'il prit pour de l'admiration ; il se mit à sourire.

— Mais, repris-je après avoir feuilleté son memorandum, je vois des articles qui se répètent, pas pour les choses d'art, non..... albergo, café, friture... qu'est-ce que cela veut dire ?

— Ah ! c'est bien différent, ces choses-là, on peut bien les voir tous les jours.....

Cet avis dénué de tout artifice me suffit ; je me levai, et posant son cahier sur la table :

— Je comprends, dis-je ; avec un homme comme vous, il faut savoir expliquer le système d'Épicure.

Et sans me retourner, pour voir si le malheureux n'était pas foudroyé du coup, je sortis majestueusement du café dell' Gran Cairo.

CHAPITRE III

Venise. — Aspect de la Ville. — Canalatto. — Gondoles et Gondoliers. — La place Saint-Marc. — Les Procuraties. — Les Vénitiennes. — Les Pigeons. — La Basilique. — Reliques de Saint-Marc. — Son Clocher. — Intérieur de la Ville. — La nourriture. — Détails de mœurs. — Le Zavajon. — La Conjugaison anglaise. — Les Cafés. — Leurs clients. — Florian. — Un Prussien philologue. — les Casini.

Gênes la superbe ! Venise la belle ! Hélas ! ce qui était peut-être vrai hier, ne l'est plus aujourd'hui.

J'avais fait mon entrée à Venise pendant la nuit ; un peu de lune laissait parfois apercevoir des silhouettes grandioses ; le silence, les canaux remplaçant les rues, les cris des gondoliers sortant de l'inconnu, tout cela m'avait impressionné ; au jour l'illusion devait disparaître.

Lorsque le lendemain de mon arrivée une première promenade dans Venise me permit de mieux juger cette perle de l'Adriatique, j'éprouvai un serrement de cœur semblable à celui qui vous survient à l'aspect d'une grande infortune ou d'un irrémédiable désastre. Hélas ! oui, Venise est une reine qui fut puissante et belle, mais elle a perdu sa couronne, sa beauté n'est plus qu'un souvenir, elle languit, elle va mourir. Sans doute, il est encore possible de retrouver des restes de son ancienne magnificence mais ses trésors sont épuisés : *Titien*, *Minio*, et les *Lombardi* ne sont plus là pour lui rendre de fantastiques broderies, son or, ses attraits, son influence. Et cette atonie, cette misère qui la pourrait guérir ? Oh ! tous ces palais qui chancellent, tout ce marbre rongé par le temps, tous ces restes du faste que l'Orient légua à Venise italienne, toutes ces coupoles dont le plomb se montre où brillaient les auréoles de sequins, c'est un bien désolant spectacle ! Des guenilles pendues au balcon de *Carlo Leno* ou de *Morosini*, un grabat sous les lambris où Byron vint renouveler les orgies de l'ange déchu, des familles malheureuses, croupissant dans des maisons habitées jadis par la fortune et les plaisirs, croyez-vous que ce ne soit pas quelque chose de triste et de désenchanteur ? Eh ! bien, voilà la Venise de nos jours. Pourtant, ce n'est pas sans ntérêt qu'on la visite ; puis son malheur vous touche, ses souvenir vous poursuivent, et on finit par l'aimer comme on s'attache à ceux dont la maladie va vous séparer pour toujours.

De tous les tableaux qui peuvent le mieux faire juger la Veñise des autres siècles, aucun ne possède la vérité et la puissance du Canaletto. Presque tous les peintres, pour reproduire le quai des Esclavons, le grand Canal, ou le palais du doge, outrent le rouge, le bleu, l'orange et le violet, c'est une gamme de tons prétendus chauds, à l'usage de Delacroix et de son école. *Antonio Canaletto* est, au contraire, simple, vrai, peut-être paraît-il un peu gris à ceux qui rêvent de la Venise des romans et dont l'œil est ébloui par ces débauches du coloris, dont des brosses audacieuses ont tant abusé de nos jours, mais c'est nature, facile, étudié, excellent. Un temps viendra où ces orgies de peintres plus ambitieux qu'habiles seront appréciées, nous saurons ce qu'il faut accepter de ces accidents du soleil et de lumière, et l'on conviendra qu'il ne suffit pas d'être coloriste pour s'imaginer que l'on peut traduire la nature.

Les gondoles sont une des curiosités de Venise ; numérotées comme nos fiacres, toutes se ressemblent et sont taillées sur le même patron. Vue de loin, rasant la surface du grand canal, fine, vive, se tournant, serpentant avec une prodigieuse rapidité, la gondole noire avec sa tête brillante au soleil, son *felce*, ressemble à un reptile échappé de la mer. L'intérieur du felce, resserré, surbaissé, tout garni de cuir, est triste comme un tombeau. En hiver on lui ôte parfois son *capo-nero*, mais alors l'*excellenza* qui s'en sert est exposé aux larges ondées trop communes en cette saison.

Quant aux gondoliers, ils ne sont plus ce qu'ils étaient autrefois, gens à tout faire, figaros de Venise, à qui les détours, les portes secrètes, les heures des rendez-vous, les cœurs à prendre et les cœurs occupés étaient parfaitement connus ; porteurs de billets, ayant toujours dans le coffret de leur barque une échelle de corde pour une escalade ou pour une vengeance nocturne ; chanteurs des octaves du Tasse, assassins de profession ou compères des bravis ; ce sont maintenant des marins tout simples, un peu grossiers, un peu honnêtes, faisant métier de domestiques de place, choristes le soir à la *fenice*, mais chantant la *Biondina*, cette chansonnette nationale, de la façon la plus atroce du monde.

Avant de pénétrer dans les habitations d'une ville, ne trouvez-vous pas qu'il convient de se rendre compte de l'aspect extérieur ; n'est-ce pas ainsi que nous procédons à l'égard des personnes que nous avons intérêt à connaître ; Une première impression nous arrive par la figure et la tournure ; elle se complète par le son de la voix, la convenance du maintien, ce n'est que peu à peu que l'homme intérieur se révèle, et encore dans cette exploration d'un espace si restreint qui peut se flatter de tout découvrir ? — Grand motif d'indulgence pour les voyageurs.

Je commençai mes promenades par la place Saint-Marc et les *Procuraties*. Les Vénitiens ont fort exagéré leur mérite : la place est petite, les arcades ne valent pas celles assez tristes de la rue de Rivoli. Le nombre des promeneurs était grand, beaucoup d'entre eux prêtaient au ridicule les femmes mal mises et peu jolies. Les Vénitiennes ayant le type traditionnel sont rares, celles-là ont de la finesse, de l'élégance, de très-beaux yeux, un nez long, arqué, mince, une taille bien prise, un col souple, une démarche nonchalante; elles rappellent *Zulietta* de J.-J. Rousseau, et nous ne doutons pas qu'elles ne sachent dire vertueusement, comme alors: « *Lascia le donne et studia la matematica.* »

Les boutiques des Procuraties sont petites, assez mal éclairées et médiocrement fournies. Sous les piliers se trouvent des sortes de bureaux où les théâtres font vendre des billets ; mais ce qui attire surtout l'attention, c'est le nombre infini des pigeons au plumage brillant, aux couleurs adoucies, qui circulent au milieu des promeneurs, se juchent dans tous les trous des monuments, dans les corniches de Procuraties, agissent en un mot en véritables conquérants de la *Piazza*, en citoyens d'une oligarchie dont ils ont maintenu les priviléges.

Aux premiers siècles de la chrétienté, à Venise, on lâchait, le dimanche des Rameaux, quelques paires de pigeons. A cette époque, ils étaient considérés comme des messagers de bonheur; plus tard le peuple se régala de ce qu'il avait adoré; le Chapitre de

Saint-Marc voulut que les fidèles fussent à même d'y trouver un rôti pour le jour de Pâques ; le Sénat vint ensuite, il prit un décret protecteur, qui mettait les pigeons sous la sauvegarde de la foi publique, défendit qu'on les prît, qu'on les tuât, et déclarait qu'ils seraient nourris aux frais de la République. Les révolutions, l'occupation par l'étranger, ne purent supprimer les pigeons; les Vénitiens les prirent sous leur protection, et la pitance ne fut pas moins abondante qu'auparavant. La comtesse *Lorenzo* leur a affecté une somme considérable, dont la rente est appliquée à leur nourriture. C'est chose curieuse à étudier, que l'intelligence et la hardiesse de ces animaux. Chaque jour, à deux heures précises, on entend sonner une certaine cloche : à l'instant même, à quelqu'endroit de Venise qu'ils se trouvent, les pigeons arrivent à tire-d'aile ; dans ces instants, leur hardiesse est surprenante : pour se rendre des premiers à la provende, ils prennent le plus court chemin, ils vous effleurent la figure dans leur vol, votre oreille est frappée des petits cris que leur arrache l'impatience; ils sont hardis, effrontés, mais si jolis... que les Allemands eux-mêmes les respectèrent.

Les liens qui nous attachent à Venise, nous, enfants du nord, sont nombreux. Une de nos mères appartenait à la famille des Morosini, une autre sibylle Cumana n'était pas d'un sang moins illustre ; enfin un des nôtres fut déclaré filleul de la République, et dans la cérémonie du baptême qui se passa à Saint-Marc, il eut pour parrain le Doge, pour marraine la mer Adriatique. Ceci ressemble à une plaisanterie, mais Venise en conserve les preuves dans ses églises et ses archives. Après un aveu semblable, dépourvu, je vous assure, cher lecteur, de tout orgueil, vous craignez peut-être que je vous entretienne compendieusement de Saint-Marc, du palais ducal, etc.; rassurez-vous, si je n'ai pas été assez modeste, du moins vous verrez que je suis généreux.

La Basilique de Saint-Marc forme à l'orient l'un des côtés de la place, qui, sur les trois autres, n'est également composée que de trois édifices; au midi, le Palais-Royal ; au couchant un bâtiment neuf appelé *Nova Fabrica* ; au nord enfin, cette magnifique construction d'architecture moresque, les *Procuraties vacchies*, parce qu'elle servait autrefois de logement aux procurateris, dignitaires de la République, dont nous avons déjà parlé.

Après avoir passé le grand portail du milieu, Saint-Marc paraît directement en face; ses ordres d'architecture grec, arabe, gothique, mêlés d'une manière heureuse, font naître une séduction des yeux que le défaut de proportions et parfois d'harmonie devrait éloigner. Les porches, les dômes, les minarets, les arceaux, les dentelles moresques, sont ornés de mosaïques, incrustés d'or, de pierres précieuses de toutes les couleurs et de toutes les régions. Au-dessus de l'arcade principale, les quatre chevaux de Lisippe, dépouilles qui ont orné successivement les arcs-de-triomphe de Rome, de Constantinople, et chez nous la place du Louvre, ont fait retour à leur ancien piédestal, pour se confondre de nouveau avec des statues de saints.

Quant à l'intérieur, il ressemble assez à une vaste caverne, taillée dans le roc et toute dorée. Là, brille l'élégance grecque, le luxe bysantin, le talent des maîtres de l'école vénitienne. C'est à la religion, disons-le, que nous devons la conservation de toutes ces richesses. Rome chrétienne a hérité des trésors de Rome païenne, Venise de Constantinople, et la pensée que fait naître la vues de ces chefs-d'œuvre, s'élève encore en les retrouvant dans des édifices religieux, consacrés au Créateur de tout ce qui est immortel.

Une bonne tradition, si elle est vrai, c'est l'enlèvement du corps de *San Marco*, apportée d'Alexandrie, et qui est représentée en mosaïque sur la façade de Saint Marc ; voici l'histoire :

Grande était la vénération pour le saint, mais grande aussi était la difficulté de l'enlever de la possession des infidèles. On y rêva longtemps, puis une inspiration se fit jour. Personne n'ignore l'horreur des Turcs pour le porc : les chrétiens imaginèrent d'intercaler le saint entre deux pièces de lard ; la fraude pieuse eut un plein succès, et le saint ainsi bardé arriva à Venise à bon port. Nous engageons les touristes à s'arrêter devant cette singulière mosaïque : les physionomie des chrétiens et des infidèles, les sentiments qu'elles expriment sont d'une naïveté charmante.

Le clocher de l'église est un ouvrage solide, hardi, commencé au x⁰ siècle et fini au xvi⁰. On arrive au sommet par un chemin, véritable sentier qui remplace l'escalier construit en briques et dépourvu de degrés. Du haut de ce clocher, la mer, Venise au milieu de la mer, la verdure des champs, les sables, les cimes blanches ou roses des Alpes du Frioul, la multitude de petites îles groupées autour de cette cité singulière offrent un panorama qui n'est pas sans attrait.

Laissons aux voyageurs escortés d'un cicerone qui tiennent à voir ce que tout le monde a vu, pour répéter ce que tout le monde a dit, laissons-leur examiner la partie du trésor de Saint-Marc restée à la *loggietta*, qui probablement est un des plus vastes reliquaires du monde. Là se trouvent exposés de nombreux morceaux de la vraie Croix, le clou, l'éponge, les roseaux, instruments de la passion du Sauveur ; puis le couteau qui lui servit lors de la cène, avec ses caractères que Montfaucon ne put lire, l'humérus de saint Jean-Baptiste, l'évangile de saint Marc, etc., etc., et qu'on nous permette de continuer notre promenade réaliste dans la ville.

Il est difficile de flâner en gondole, pour saisir les détails : force est au voyageur de suivre les ruelles, de monter, de descendre, de se fatiguer sans arriver à grand résultat. Ce qui saute aux yeux, c'est la misère, la malpropreté des petits logements où le regard parvient à peine à pénétrer. De même qu'à Gênes, cette population aurait besoin de se livrer à une toilette réciproque, car il y a certainement des femmes qui n'ont pas déroulé leurs cheveux ardents depuis leur adolescence. De tous côtés, des loques vous pendent sur la tête; un mélange d'odeurs de friture, de fromage, de légumes en décomposition, vous infecte; les rues sont pourtant moins sales qu'à Gênes, quoiqu'à peine il soit facile d'y circuler deux de front; mais, en résumé, ce n'est pas aisé de retrouver aujourd'hui, même dans les palais, les restes de cette *citta d'oro*, de la Venise des siècles enfuis.

Ne fût-ce que pour s'asseoir et se reposer, il faut dîner; le premier jour que je tâtai du menu de mon hôtel, il me parut par trop talien, car il y faut, suivant mon goût, un peu d'apprentissage. Le lendemain, un artiste pour lequel j'avais une lettre, charmant garçon plein d'entrain, mais avec mesure, me conduisit dans un petit restaurant, au fond d'une ruelle étroite du quartier de la mercerie, et qui avait pour enseigne : *Il vapore*. Sans avoir du luxe, on y était très-passablement. Nous nous y trouvions quatre ou cinq; on nous y donnait un cabinet et un *Checco* pour nous servir. Le prix ne pouvait être plus raisonnable : pour deux francs, nous avions un repas moitié indigène, moitié exotique, avec un petit vin qui se laissait boire. Le grand régal était le *Zavajon* vénitien qu'une foule de touristes n'ont pas découvert, qui mériterait à lui seul d'entreprendre le voyage. Le Zavajon est un mélange de vin de Chypre, de sucre et d'œufs rendus légers par l'action du moussoir à chocolat, et élevés à la hauteur du soufflé par l'effet d'un four de campagne.

Ce collègue, peintre de portraits, connaissait tout le monde. Il habitait Venise depuis cinq ans, avait réussi à reproduire, à leur gré, quelques blondes lady, lesquelles lui adressaient d'autres Anglaises, en sorte qu'il paraissait en train de faire une petite fortune. Chaque jour il recrutait quelque nouveau convive, et je ne fus pas longtemps sans m'apercevoir que c'était plutôt dans la maligne intention de les faire poser que pour leur être agréable qu'il pilotait ainsi ces pauvres victimes.

Un jour, il nous amena un grand Anglais, blond comme un albinos, maigre comme un Vendredi-Saint, mêlant le peu de français qu'il avait étudié à Paris durant un mois avec l'italien qu'il voulait parler, mais qu'il ne parvenait pas à comprendre. Les encouragements, les conseils, les leçons de grammaire, que lui donnait très-sérieusement le jeune artiste, nous firent éclater en fou rire. Je me rappelle la peine que le pauvre insulaire avait à conjuguer le verbe rôtir, tel que son professeur cherchait à le lui faire apprendre ; le premier temps surtout lui semblait très-difficile :

Je rôtis,

Tu manges,

Il boit,

Nous dînons,

Vous soupez,

Ils rotent.

Quelle *irrégioularité!* s'écriait notre Anglais, en riant aussi, car il était convaincu que son accent excitait seul notre gaîté, et qu'un jour il parlerait à merveille.

Ce restaurant n'était pas fréquenté seulement par des étrangers ; il y venait un certain nombre de Vénitiens, parmi lesquels on pouvait indiquer des représentants des plus anciennes familles patriciennes. A l'époque de sa puissance, la cité d'or comptait neuf cents familles nobles, quelques-unes antérieures d'origine aux croisades, datant des fondateurs de la République ; aujourd'hui il ne reste de toute cette aristocratie puissante que quinze familles qui sont à leur aise, et une trentaine dans l'indigence. Simond, dans son voyage en Italie, donnait, vers 1820, le menu des repas de ces vieux débris d'une gloire oubliée ; il en établissait le prix à seize sous de notre monnaie. Ce modeste ordinaire s'est un peu modifié ; les pauvres propriétaires de magnifiques palais ne vivent pas mieux ; ils ne sont pas, hélas! plus riches, mais pour l'unique repas solide qu'ils se permettent, ils paient à présent un peu plus cher.

Certes, nous détestons la vie de café autant que celle des cercles ou des clubs ; elle encourage le désœuvrement, les commérages ;

elle abaisse le niveau moral de tout ce qui a un peu de valeur; toutefois, ce n'est pas le moment de dire toute notre pensée, nous trouverons plus tard occasion de l'exprimer. En voyage, dans les centres où le touriste ne fait que passer, il faut qu'il pénètre dans ces endroits de réunions fortuites pour se former au moins une légère peinture de la nation qu'il visite; les inductions à tirer de ce qu'on observe doivent être très-restreintes, ce qui n'empêche pas qu'il n'en ressorte le souvenir de mœurs et d'habitudes bonnes à signaler.

Venise possède un grand nombre de cafés ayant leur spécialité assez tranchée.

A la *Costanza* vont les Grecs et les Siciliens qui, gravement enveloppés dans des sortes de manteaux courts, garnis de fourrures, fument leur longue pipe en jouant aux dames, aux cartes, tout en savourant leur café. *Al commercio* est un théâtre de ridicule où s'adonisent une certaine classe de beaux qui cherchent à imiter assez platement les viveurs de Paris. *Al Genio* ne voit que des courtiers ou des commissionnaires en marchandises prolongeant la bourse tenue le matin au pied Saint-Marc. *Suttil* reçoit de vieux bourgeois, de vieux marins, comme la *Divina Providenza*, l'*Abondanza* et l'*Aurora*.

Du temps des Autrichiens, l'*Imperator d'Austria* était le rendez-vous des officiers allemands, le café où se consommait le plus le bocks et où se fumait le plus de pipes ; enfin, c'est au *Leon Coronato* qu'il convient d'aller chercher les domestiques de place, et à la porte de *Fenice* et de *Guadri* que, durant l'hiver, on doit venir s'asseoir pour voir passer les promeneurs.

Nous n'avons pas parlé du fameux café *Florian*, nous lui réservions une mention particulière. L'Europe entière a passé par là, plus d'une page pittoresque a été écrite sur ses habitués et sur ses fondateurs. Alexandre Dumas, dans ses impressions de voyage, a immortalisé *Jacopo* ; nous, comme beaucoup d'autres, avons pris plaisir à ces lectures, nous les aurions goûtées davantage si ces peintures avaient été plus réelles; donnons donc, à notre tour, un simple croquis du café Florian, qui, du moins, aura le mérite d'être pris sur nature.

Ce rendez-vous de Venise nonchalante, d'étrangers curieux ou fourbus, est situé sous les arcades des procuraties *Nuove*, il fut au temps des anciennes mœurs une espèce d'institution semi-patricienne; il est toujours ouvert, la nuit comme le jour, et Florian était autrefois l'homme de confiance, l'agent universel de la noblesse vénitienne. On descendait chez lui pour avoir des nouvelles de ses amis et de ses connaissances, et Florian savait l'époque de leur retour, ce qu'ils étaient devenus; les lettres, les cartes, les notes avaient un casier personnel; Florian ajoutait à cette obligeance toute gratuite l'intelligence et la discrétion. On sait comment *Canova* se montra reconnaissant des services qu'il en avait reçus au commencement de sa carrière : Florian était alors tourmenté par la goutte qui se portait au pied ; les chaussures le faisaient atrocement souffrir : Canova modela sa jambe d'après nature, et remit cette étude au cordonnier qui parvint à son tour, en se servant de cette *forme*, à éviter au pauvre malade une partie de ses douleurs.

Quant à *Jacopo,* il ne ressemblait en aucune façon au portrait fantastique qu'en a fait notre ancienne connaissance, l'auteur de Monte-Christo.

Giacomo Bernardone, autrement *Boccolo,* c'est-à-dire bouton de fleur, est tout petit, mais son nez rachète l'exiguité de sa personne, c'est celui du Polichinelle Napolitain ; il sépare deux yeux imperceptibles placés sous des sourcils blancs et qui seraient d'un gris bleu s'ils étaient d'une couleur quelconque ; une chevelure jaune, poudrée, et à la Titus, orne le front ridé du bouton de fleur ; il ne porte pas de boucles d'oreilles, c'est dommage ; son col blanc bien empesé, qui s'arrête directement à ses oreilles dépourvues d'ornement, un gilet jaune, un habit bleu, un pantalon cannelle, un tablier de serge verte, étroit et long, complètent l'enveloppe ; qu'on s'étonne après cela qu'il ait reçu le nom de Boccolo par les jeunes filles de Venise !

Voilà pour le côté matériel ; mais comment peindre le bouton de fleur au moral ? Giacomo est leste, attentif, intelligent, rempli d'égards et de soins pour ceux qu'il aime, de politesse pour ceux qui passe, ce qu'il apprécie d'un seul regard; il cause avec tout le monde, italien naturellement avec les habitants de la *Povera Venizia*, comme il dit, puis un dialecte diabolico-allemand, anglais ou français avec les consommateurs de ces différentes nations. Il n'est pas un des nobles piliers du lieu qui ne lui fasse l'honneur de lui ouvrir sa tabatière ou de puiser dans la sienne ; il court, va, vient, parle, vous donne des renseignements, vous nomme les habitués, reçoit votre monnaie, vous en prête même au besoin, et sourit toujours ; son activité est infatigable, c'est la solution du mouvement perpétuel.

Avec le jour, hiver comme été, le café Florian est ouvert, on peut même dire qu'il l'est toujours, puisqu'il ne ferme qu'aux premières traces de l'aube. A quelle heure Giacomo dort-il ? — Mystère !... Le voyageur qui part le voit au lever de l'aurore présider au nettoyage des quatre petites pièces qui occupent le devant du café, brosser les banquettes garnies d'étoffe rouge bordée de noir, frotter les guéridons si *piccoli* qu'on les croirait empruntés au ménage d'une poupée ; dans la journée, ils le retrouvent servant les consommateurs, à minuit empressé auprès des dames qui, sortant du fenice, s'installent par groupes, minaudant, riant et caquetant avec de nombreux amis. C'est lui qui leur sert le verre d'eau glacée que blanchissent quelques gouttes d'eau d'anis ; c'est encore lui qui leur fait passer des fruits confits dans du caramel qu'elles croquent au bout d'un cure-dent de buis, avec quantité d'adorables chatteries. C'est Giacomo, toujours Giacomo, qui est la vie, le mouvement, le passé et l'avenir du café Florian. Aussi entend-on voler de bouche en bouche, avec les accents les plus doux, le nom charmant de Boccolo ! Boccolo ! petite fleur !

On s'imagine naturellement que ce bazar, ce caravansérail d'une espèce particulière, offre à l'observateur des modèles de tous genres, des carricatures les plus variées. Le patricien qui, dès six heures du soir, vient y lire son journal, deviner le rébus ou la charade, a sa place d'habitude à Florian ; il y digère, il y dort, il y boit son eau glacée, et cette place ne lui est jamais usurpée. Les étrangers s'y groupent par nation : l'Allemagne et l'Angleterre s'y donnent rendez-vous à des tables différentes ; il n'y a guère que les Français qui n'ajoutent pas à cette Babel du langage en s'y réunissant pour causer. Quant à moi, je l'avoue, j'ai passé plus d'une nuit dans cette arche où bien souvent j'ai regretté de n'avoir pas apporté mon livre de croquis et mes crayons. Parfois j'y ai rencontré mon confrère le peintre de portraits ; il n'était jamais seul, il accompagnait toujours un Allemand ou un Anglais dont il se faisait volontiers le cornac. Ces rencontres me fournissaient d'heureux moments, il y avait toujours quelques originaux payant leur dette à la gaîté française. Je me rappelle un étudiant prussien, véritable pédant, croyant posséder toutes les langues, et nous récitant des fragments d'Italien et de Français pour nous en donner la preuve. Il affectionnait particulièrement la nouvelle Héloïse. Il arrivait de Suisse et nous débitait, avec l'accent le plus tudesque, la fameuse lettre de la Meillerie : — « La roche est escarpée, l'eau est profonde, et j'*en* suis au désespoir, etc. » Impossible de lui faire comprendre qu'il *altérait* ainsi son sujet. C'est le même qui au lieu de dire au peintre de portraits en le rencontrant sur la place Saint-Marc : — Je viens de voir quelqu'un qui vous ressemble par derrière, lui répétait : J'ai aperçu quelqu'un dont le derrière vous ressemble... — Infortuné philologue !...

Il n'y a pas de casino au-dessus du café Florian, ainsi qu'il y en a au-dessus de tous les cafés dans les vieilles procuraties. Le casino est une petite chambre que louent les femmes pour y recevoir leurs visites à l'heure où l'on se promène sur la place Saint-Marc.

Mais qu'on juge du va et vient qui s'opère sur cette place : chaque nuit, nous a-t-on assuré, plus de trente mille personnes la parcourent.

CHAPITRE IV

Venise. — Le Palais Ducal. — Les Inquisiteurs. — Denunzia segreta. — Les Prisons. — Le Pont des Soupirs. — Les derniers condamnés. — Conquête de Venise. — Povera Venizia. — Le Palais Ducal. — Les Citernes. — Les anciens Palais. — Décadence de Venise.

Le palais ducal était la demeure du doge, le lieu de réunion des conseils ; tous les bureaux de l'administration y trouvaient place ; les moins nécessaires occupaient l'étage inférieur, tandis que les autres s'élevaient par degrés, suivant leur importance, jusqu'au grenier, où siégeait le triumvirat des inquisiteurs d'Etat, *dei capi;* inaccessibles dans leur retraite à toute autre personne qu'aux exécuteurs de leurs décrets, ils ne communiquaient pas même avec leurs parents durant les quatre mois que chacun d'eux était en fonction. La fameuse gueule de lion placée à la porte de la salle des inquisiteurs se voit encore : son ouverture ressemble aujourd'hui à celle d'une boîte aux lettres. Du reste, il existait plusieurs autres dépôts semblables pour la commodité des délateurs, *Denunzia Segreta*. Les prisons de l'inquisition se trouvaient séparées du palais ducal par un canal que traversait le célèbre *Ponte di Sospiri* ; pont des soupirs, en effet, pour les malheureux prisonniers que l'on conduisait auprès du redoutable tribunal. La procédure était des plus simples : le prévenu subissait la torture pour lui faire avouer ce dont il était accusé. Du premier jusqu'au dernier citoyen de Venise, nul ne pouvait se flatter d'être hors d'atteinte de l'inquisiteur d'Etat, les inquisiteurs eux-mêmes, car deux d'entre eux réunis au doge, avaient le droit de faire étrangler ou noyer leur collègue sans en rendre compte à personne. On peut voir, en descendant dans ce qu'on appelle les *puits*, la salle des tortures et celle des *suppressions* qui servait au supplice du garrot. L'exécution terminée, une petite porte s'ouvrait donnant sur le canal, le cadavre glissait dans une gondole qui allait le jeter dans le canal Orfano, et la mission des six magistrats chargés de la surveillance des prisons, *Signori di notte al criminal*, se trouvait heureusement accomplie.

Lorsque les Français, sous le général Baraguay-d'Hilliers, prirent possession de Venise, on fut surpris de ne trouver dans les prisons de l'inquisition, comme à la Bastille, que trois détenus : il est vrai que l'un d'eux y avait passé vingt-deux ans. Ce malheureux, Dalmatien de naissance, parut effrayé lorsqu'on vint le tirer de son cachot, il résistait à ses libérateurs. — Que voulez-vous ? disait-il ; laissez-moi, vous me faites mal ! Le général à qui on le conduisit lui fit donner du vin, du chocolat, des friandises dont il avait oublié le goût. On le promena par la ville avec son costume de cachot et portant une longue barbe blanche. Fêté, comblé de caresses, son triomphe dura quatre jours, quatre jours de bonne chère, d'air et de liberté qui tranchèrent une vie qui avait résisté à vingt-deux ans de désespoir et de souffrances. J'ai vu le cachot, je l'ai mesuré : il avait dix pieds de long, sept pieds de large, et la voûte six pieds de haut dans son centre ; une sorte d'estrade en bois, pareille à celles des chenils, servait de couche, de siége et de table ; il recevait ses aliments une fois par jour par une petite ouverture, et la seule lumière qui parvenait jusqu'à lui était celle d'une chandelle qu'on lui accordait de temps à autre.

Un fait curieux qui n'est pas assez connu se rapporte à la prise de Venise par Baraguay-d'Hilliers, le 15 mai 1797, à la tête de cinq ou six mille Français qui traversèrent sans opposition les lagunes en bateaux découverts. Le dernier acte publié de l'ancien gouvernement fut de proclamer l'installation de la municipalité démocratique qui devait donner le suprême degré de perfectibilité à l'antique République, il annonçait en même temps que le géné-

ral français faisait cette visite amicale au peuple vénitien « — seulement pour son bien » — et dans sa lettre officielle du 26 mai 1797, au nouveau gouvernement de Venise, Bonaparte lui disait :
— « Dans toutes les circonstances, je ferai tout ce qui sera en
» mon pouvoir pour vous donner des preuves du désir que j'ai de
» voir la misérable Italie placée enfin avec gloire, libre et indé-
» pendante des étrangers, sur la scène du monde. » — Cependant ce jour-là même, ce jour du 26 mai 1797, Bonaparte écrivait à son propre gouvernement ces lignes : — « Vous trouverez ci-
» joints, citoyens directeurs, le traité préliminaire..., etc. » —
Or, Bonaparte s'expliquant sur le compte de ces Vénitiens à qui il venait de donner de si belles assurances de son désir de les voir libres et indépendants des étrangers, disait au Directoire. —
« C'est une population lâche, inepte, et nullement faite pour la
» liberté ; il paraît naturel qu'elle soit laissée à ceux à qui nous
» donnons le continent, nous prendrons les vaisseaux, nous dé-
» pouillerons l'arsenal, nous enlèverons les canons, nous détrui-
» rons la Banque et nous garderons Corfou et Ancone, etc. » (1)

Povera Venizia!...

Revenons au palais ducal..., il faut toute une journée pour voir, même en courant, les curiosités qu'il renferme.

(1) Pièces justificatives de l'histoire de Venise, Daru, Tome VII, page 360.

La première est l'escalier des géants, tout de marbre et décoré de statues colossales ; il conduit à une suite de vastes appartements ; la salle du Grand-Conseil, avec plafonds couverts de sculptures et de dorures, contient en outre des peintures magnifiques exécutées sur place par Paul Veronèse, celles de Bassan, de Tintoretto, etc. L'un de ces tableaux, placé derrière le trône de l'ancien doge, représente le jugement dernier, il est du Tintoretto et il a plus de soixante pieds de long sur une hauteur proportionnée. En général ces œuvres des grands maîtres consacrent une page de l'histoire de Venise ; les exploits des grands hommes de la République, *Sebastiano Zani*, *Andréa Contarini*, *Francesco Morosini*, etc., en sont devenus les sujets. Dans la frise, autour de la salle, on voit les portraits de soixante-seize doges. A la place qu'aurait dû occuper *Marino Faliero*, est un tableau avec une inscription : « *Hic est locus Marini Falieri, décapitati pro criminibus.* » C'était ce doge qui avait commencé la construction du palais ducal, on le décapitait pendant qu'on pendait *Philippo Calenderio*, l'architecte qui avait fourni les plans. Les autres salles, l'*Anti-Collegia*, celle des *Pregadi* sont moins remarquables ; nous engageons les visiteurs qui tiendraient à posséder de plus amples détails sur ce palais à parcourir la description qu'en a donné le savant Cicoguera.

Mais avant que de quitter ce monument si rempli de chefs-d'œuvres et de souvenirs, que l'on me permette de relever une erreur propagée par les guides, reproduites par les voyageurs, qu'on retrouve dans Simond (1) et dans beaucoup d'autres récits ; c'est celle qui prétend qu'une immense citerne, contenant l'eau potable nécessaire à l'existence de Venise, se trouvait établie au palais ducal, permettant ainsi au gouvernement de faire mourir de soif des sujets rebelles; la vérité est que beaucoup de palais et de simples habitations possédaient des citernes et que ces réservoirs existent encore.

Les autres palais sont nombreux, beaucoup tombent en ruines, quelques-uns ont été convertis en *Albergo*, tel que le palais *Falseti*, aujourd'hui l'*Albergo della gran Bretagna*. L'abandon de ces somptueuses demeures avait commencé, dit M. Valeri, dès le dernier siècle avec la décadence de la République, alors que les praticiens, dégénérés, préféraient se loger dans un casino voisin de la place Saint-Marc. Tout y est sacrifié à l'architecture ; l'agrément et la commodité surtout y sont comptés pour peu de choses, des galeries, de magnifiques escaliers, de grands et somptueux appartements, voilà ce qui plaît aux Italiens, et pourvu que les regards des connaisseurs soient satisfaits, ils paraissent s'embarrasser assez peu d'être confortablement chez eux. L'eau qui baigne leur base, leur donne une apparence d'humidité qui impressionne

---

(1) Simond, Voyage en Italie, I, 55.

désagréablement, et l'absence de verdure rend plus triste le sentiment que leur vue fait naître. *Mocenigo*, sur le grand canal, a été habité par Byron ; *Barbarigo*, dont une galerie porte encore le nom de *Senola di Tiziano*, a été longtemps occupé par le Titien ; *Capello* est également transformé en auberge, le palais *Cavelli* servit de résidence au comte de Chambord ; *Rezzonico* appartient à l'infant d'Espagne ; *Calergi*, à l'ancienne duchesse de Berry ; *Corner Spinelli*, à la Taglioni ; enfin, le palais *Pisani* a été le triste théâtre du suicide d'un grand peintre Léopold Robert.

Nous donnerons plus loin des détails interessants et en partie inédits sur les derniers jours de cet artiste, l'un des plus grands maître de notre Ecole française au XIXe siècle.

En résumé, avec ses ruelles étroites, ses nombreux canaux, ses palais somptueux, ses immenses richesses artistiques, ses monuments pittoresques de tous les styles, Venise est une ville triste à habiter. Son existence est toute du passé : l'avenir est fermé pour elle. Les passages navigables, par lesquels les bateaux chargés peuvent encore traverser les lagunes, se comblent tous les jours faute de soins. Le limon de la *Brenta*, de la *Piave* et d'autres rivières augmente les bas-fonds ; le temps approche où cette grande cité, un instant rival de Gênes et même de Rome, cette reine de la mer ne sera plus qu'une ruine au milieu de marais pestilentiels. Déjà l'air en automne y est très-malsain, il y meurt vingt personnes par jour sur une population réduite à moins de cent mille âmes. Sous l'influence des causes nombreuses de décadence qui la rongent, on peut prévoir sa destinée ; ce n'est plus le moment de s'écrier, avec Pétrarque, la *citta d'oro !* Il faut soupirer tristement cette plainte que nous avons entendu répéter si souvent :

Povera Venizia ! Pauvre Venise !

CHAPITRE V

Léopold Robert. — Sa résidence à Venise. — Monsieur Jal et la portière. — Les Pêcheurs de la Chiogga. — Détails intimes. — Bracassat, Henri Monnier, Marcotte. — Le Tableau des Moissonneurs. — Schnetz. — Caractère de Robert. Amour malheureux, sa mort.

Léopold Robert, ce grand peintre, l'immortel auteur des *Moissonneurs* et du *Retour des Vendanges*, dont tout le monde connaît les œuvres, ne fût-ce que par les gravures, avait élu domicile à Venise dans le palais *Pisani*, de Pisani, le rival des *d'Oria* et des *Grimaldi*.

En passant par cette ville, dans son voyage en Italie, Jal voulut le visiter; il était porteur de lettres qui l'introduisaient auprès de Léopold Robert. Voici d'abord comment il fut reçu chez l'artiste.

Après avoir attendu longtemps dans la cour de ce palais à peu près en ruines, quoiqu'il eût sonné et resonné, après avoir examiné à loisir les bustes et les statues qui décorent la cour, le voyageur vit enfin une tête de vieille femme, vraie figure de Cerbère, apparaître à une fenêtre du *terzo piano*, qui lui fit la grâce de lui demander à qui il en voulait.

— A Léopold Robert, au peintre français, madame.

— *Il pittore francese, non c'è à la casa.*

— Il n'est pas chez lui ?... On m'a pourtant assuré...

— *Non c'è...*

Force lui fut de remettre sa carte.

C'est que Léopold Robert, déjà malade, toussait horriblement, était d'un caractère misanthrope et timide, et qu'il s'isolait et se renfermait volontiers chez lui pour travailler dix ou douze heures par jour.

L'artiste, né en 1794, à la Chaux-de-Fond, en Suisse, d'abord graveur, habitait en Italie depuis 1818, lorsque plus tard il vint s'établir à Venise. Élève de David et de Gérard, Léopold Robert chercha longtemps sa voie ; les leçons de ces deux maîtres l'auraient complétement égaré, si son esprit réfléchi, son œil observateur, son sentiment exquis de l'art et de la nature, ne lui avaient pas tracé la route. Durant son séjour à Rome, Schnetz, alors directeur de l'Académie de France, l'associa à ses travaux réalistes ;

il lui inspira d'étudier cette nature italienne, si riche comme type et comme couleur. L'artiste apporta dans son travail une énergie et une persévérance rares, un sentiment suprême de poésie, une vigueur d'exécution digne des grands maîtres de l'école des Carrache, du Titien et du Véronèse. Pour l'apprécier tout à fait, nous emprunterons à Henri Monnier et à M. Marcotte, qui a bien voulu nous les communiquer, d'intéressants détails, dont quelques portions, entièrement inédites, jettent une lueur nouvelle sur le drame qui devait terminer sa vie.

L'œuvre principale de Léopold Robert, pendant son séjour à Venise, fut son tableau des *Pêcheurs de Chioggi;* il y travailla près de quatre ans. Lorsqu'il arriva dans cette ville, le sujet de son tableau était conçu ; mais en le sortant de ce rêve que tous les peintres éprouvent à l'inspiration de leur œuvre, il comprit bien vite ce qui lui manquait d'études, de vie intime avec les acteurs de son tableau. Plusieurs années s'écoulèrent dans cette assimilation consciencieuse ; Léopold Robert travaillait lentement, difficilement, et il mettait un art infini à le cacher. Sa peinture est nette, franche, *posée,* jamais un écart de brosse, une combinaison de tons éclatants, comme on en rencontre dans l'école de Delacroix, escamotant le dessin au profit de la couleur. Son travail est vigoureux, mais nature ; hardi, mais vrai ; il arrive, et c'est là sa supériorité immense, à reproduire une de ces scènes saisissantes telles qu'on en rencontre rarement, où tout est uni pour frapper et pour émouvoir, qui causent une impression ineffaçable, en restant nature, précisément parce que leur principe est dans le vrai, et que c'est un grand artiste qui tient le miroir.

Voici quel est le sujet des pêcheurs :

A Chiogga, on fait tous les apprêts pour un départ d'un de ses voyages de pêche dans le golfe de Venise, qui éloigne parfois les pêcheurs durant quatre ou cinq mois. Cette séparation a toujours quelque chose de solennel, de triste même, que Léopold Robert a voulu rendre dans sa composition. A gauche, sur un banc, est une vieille femme qui regarde partir son fils qu'elle ne doit plus revoir peut-être, parce que le temps qui va s'écouler est bien long pour son âge. A côté d'elle, debout, est une jeune femme, une de ces belles créatures comme en fournissent les environs de Venise, la tête inclinée, regardant, l'œil humide, son mari que la barque emportera bientôt. Un enfant nouveau-né dort sur son épaule; à sa gauche une petite fille, à cet âge où la femme commence à naître, s'occupe de son frère qui va aussi partir. Debout, derrière le pêcheur, qui vient de raccommoder les filets, se tient le mari probablement de la belle Italienne. Sur un plan éloigné, à droite, un vieillard porte un sac de biscuit dans le bateau, dont deux hommes hissent la grande et lourde voile. Presque au centre, sur le troisième plan, plusieurs autres pêcheurs, couverts de cabans, embarquent les approvisionnements nécessaires à l'expédition. Enfin, au centre, le chef de cette expédition, appuyé de la main droite sur deux foënes, se tient dans l'attitude du commandement. Deux enfants sont à ses pieds ; ils écoutent la voix du patron, et la naïveté de leur intéressante figure fait ressortir le geste et l'aspect rempli d'autorité de celui à qui tous ces hommes vont obéir.

Pour que toute sa pensée fût rendue, l'artiste a placé, dans une petite anse à gauche, au dernier plan, une barque qui s'éloigne du rivage. Des femmes courent sur le sable, en disant adieu aux marins, et l'une d'elles lève dans les airs son enfant, pour qu'un dernier regard du père lui envoie un baiser du cœur.

D'après cette esquisse bien froide d'une œuvre remplie de poésie, on voit combien est simple le sujet ; il s'agit de pauvres pêcheurs, mais ce sont des hommes, c'est la vie, l'avenir, la famille. L'action de ce drame vulgaire est relevée par de belles têtes, la force, l'élégance, le naturel des poses, par la puissante harmonie des lignes et des tons, c'est une œuvre de forme, de goût, de sentiment, avec ce savoir-faire immense, ce rendu merveilleux qui n'appartient qu'aux grands maîtres.

Et c'est là le côté qui crée l'immortalité des peintres supérieurs, car eux seuls possèdent le privilége de parler tout à la fois aux yeux et à l'esprit ; ce n'est ni le réalisme bête, ni le classique de convention, c'est la reproduction de ce que le génie sait découvrir, avec toute la poésie que peut y joindre fortuitement la nature.

Léopold Robert, nous l'avons dit, travaillait difficilement : il cherchait, il étudiait, il hésitait. Cette toile des pêcheurs de Chiogga, dont nous venons de faire l'analyse, commença par servir d'ébauche à un carnaval vénitien. Deux figures du premier plan furent presque achevées ; il s'aperçut bien vite qu'un semblable sujet n'était pas dans son tempérament. L'obligation de masquer les personnages, de reproduire des arlequins et des pantalons, le laissa froid et dégoûté ; le carnaval ne lui allait pas. Il aurait pu retourner sa toile, l'oublier, ainsi que nous le faisons souvent ; il préféra gratter son travail, sacrifier ses études, sa mise en place, ce qui était peint, sacrifice que beaucoup d'autres n'auraient pas eu le courage d'accomplir.

Le tableau des pêcheurs fut l'objet d'un travail énorme ; la composition reçut de nombreuses modifications. Quelques figures changèrent de place, de caractère, de costume et de sexe ; il y a des têtes qui, comme celle d'Enée dans le tableau de Didon et Enée de Guérin, durent être refaites quatre ou cinq fois. Bracassat nous disait un jour :

« Robert était en peinture ce qu'il était dans le monde : l'expres-
» sion de sa pensée commençait toujours par l'embarrasser. Il
» manquait de brillant, et rien n'était plus lourd que les premiers
» traits de la physionomie qu'il voulait donner à une idée. Aussi
» lui fut-il toujours impossible de faire un croquis d'album qui
» exige plus d'esprit que de savoir. Son talent, à l'opposé des

» talents vulgaires, ne s'élevait que grâce à la patience d'un tra-
» vail infatigable, ce qui prouvait d'ailleurs la puissance de son
» organisation. Au lieu de s'alourdir en s'appesantissant sur un
» ouvrage comme il le faisait, il s'épurait. Il dégageait sa pensée
» de l'incertitude où elle nageait d'abord, et son goût était si sûr
» qu'il finissait par retrancher ou ajouter juste ce qu'il fallait
» pour tirer du modèle placé sous ses yeux toutes les beautés qu'il
» pouvait contenir. Parfois il réussissait assez vite dans de petits
» tableaux, jamais dans les choses importantes qui semblaient lui
» imposer. Pour parvenir à donner de la vie à sa pensée, Robert
» avait une patience d'ange, ou plutôt de démon. Je l'ai vu, pour
» ses moissonneurs, peindre des figures sur papier végétal, les
» coller sur la toile de son tableau, et essayer, avant de les
» admettre, la place qui pouvait leur convenir. Pour l'harmonie
» des tons, il agissait de même ; rien n'était plus éloigné des pro-
» cédés des peintres de notre époque. Il est vrai que Léopold
» Robert ne faisait pas de marchandise ; il préférait être pauvre et
» avoir du génie ; sa part était dans l'avenir. »

Durant son séjour à Venise, l'artiste voyait peu de monde : il vivait uni avec son frère Aurèle qui, lui-même, dessinait d'une façon remarquable. Le salon de la comtesse *Albrizzi* était à peu près le seul qu'il visitait : le soir, il donnait quelques heures à son hôtesse et à ses deux filles qui, avec M. Odier et deux ou trois autres personnes, formaient toute sa société. Là, on dessinait, on lisait, on discutait, et, dans ses réunions intimes, l'âme de Robert était tout entière. Ses opinions sur les arts, sur les œuvres littéraires, sur les systèmes philosophiques, sur les questions sociales, se produisaient simples, claires, mais toujours en peu de mots et du ton de la timidité. Ses aperçus étaient frappants; souvent ses auditeurs les recueillaient par écrit. L'artiste, avec un cœur droit, facile à toutes les impressions nobles, croyait au bien, se faisait un monde à lui, et, quand le désenchantement lui arrivait, cela jetait dans son âme une douleur, une amertume qui nourrissait la disposition mélancolique à laquelle, par tempérament, il n'était que trop porté. Arrivé à l'âge de trente-neuf ans, il avait vu bien des illusions de sa jeunesse s'envoler, et de tristes réalités prendre la place des rêves d'or et d'azur qui lui avaient souri ; en un mot, il lui eût été impossible d'être philosophe comme Philinte, mais il n'était pas grondeur comme Alceste; il souffrait et ne déclamait pas.

A Rome, quelques années auparavant, Robert révélait des propensions toutes différentes. Schnetz, qui s'y trouvait alors, engagea son ancien ami d'atelier à mettre de côté la peinture d'intérieur qu'il paraissait vouloir adopter, pour se livrer à celle des types italiens. Les brigands avaient la vogue en France ; durant plusieurs années, nous avons été écœurés par des bonshommes de pain d'épices aux couleurs crues, élevant leur silhouette brune sur un ciel d'azur. Léopold Robert parvint à leur donner un peu de poésie. Encouragé par quelques amateurs, MM. Bartoldi, Achille de la Marre, etc., il parcourut rapidement une route qui, du tableau de son Brigand mort, l'amena à la *Madona del Arco* et aux Moissonneurs. L'époque de son séjour à Rome fut la plus productive et la meilleure de sa vie, avec une apparence très-chétive, il était robuste et à table et à l'atelier, il passait pour le plus vigoureux des peintres de la colonie française. Ses dispositions à chercher l'exaltation dans l'ivresse n'eurent qu'un temps ; celle du cœur remplaça celle du cerveau, mais elle devait lui être plus funeste.

Il est difficile d'écarter le voile qui couvre les sentiments de ce grand artiste dans les dernières années de son existence ; aucune trace n'est arrivée jusqu'à nous de la passion qu'il avait conçue pour la fille de l'illustre peintre qui dirigeait le palais Médicis. On prétend, et ici nous ne faisons que répéter les bruits qu'avait recueillis son ami, M. Marcotte, que, dédaigné d'abord, puis distingué quand vint la réputation et l'immense succès, il fut soumis à toutes les tortures de l'espoir et de la jalousie, aux cruelles déceptions de promesses auxquelles il avait rattaché son avenir. Au moment de la dernière entrevue, il menaça de se tuer ; un sourire d'incrédulité accueillit ce cri de désespoir. Quand il quitta Rome, il s'illusionnait encore sur des sentiments qu'il avait essayé de faire partager. La nouvelle du mariage de Louise Vernet et de Paul Delaroche le frappa au cœur, et il est certain dès lors qu'il entretint des idées de suicide.

Nous l'avons dit, Léopold Robert vivait très-retiré à Venise, rien ne rompait ses accès de misanthropie : ni les soins dévoués de son frère Aurèle, ni ce que lui écrivaient ses amis sur l'enthousiasme qu'excitaient ses œuvres, ne pouvaient l'arracher à des journées entières d'humeur noire. Une pensée unique le poursuivait ; ce n'était pas la douleur d'avoir échoué, la haine succédant à l'amour ; avec sa nature modeste, timide, concentrée, il reportait sur lui tous les torts ; s'il n'avait pas réussi, lui seul était coupable, la faute provenait de son manque d'élégance et de beauté, de ses habitudes hésitantes et vulgaires qui le condamnaient pour toujours à un semblable sort. On a retrouvé, dans ses papiers, des pages écrites avec des pleurs ; il ne voyait plus rien dans la vie qu'une lutte incessante, sans un jour de printemps, sans un sourire. Faible et timide, la renommée ne le touchait pas comme elle aurait exalté d'autres natures ; la pensée de se draper dans sa gloire lui paraissait ridicule. Ce qu'il fallait à ce poète, à cet observateur soigneux, à cet esprit se fatiguant dans son travail persévérant, échappait à ses désirs. Il rêvait à ses côtés un caractère doux, un cœur tendre, un être le comprenant, seconde partie de lui-même, dans lequel il pourrait, ainsi que dans une eau limpide, rafraîchir sa pensée ; et, jamais ! jamais ! ce bonheur ne lui serait accordé : il était prédestiné à la solitude, à la souffrance..... Ne valait-il pas mieux la mort !

Son frère aîné avait eu recours au suicide ; Léopold Robert s'en faisait un exemple pour échapper à ses ennuis. D'un autre côté, la tendresse, le dévouement de son frère Aurèle, le retenaient dans sa funeste résolution. Durant des mois il hésita ; les papiers que l'on trouva sur lui après sa mort le prouvent. Pas un mot ne fit soupçonner ce combat qui se livrait surtout dans son cœur. Son frère, avec cette intuition de ceux qui aiment, redoutait de le laisser seul ; il l'avait trouvé plus d'une fois plongé dans une sorte d'inertie mortelle, dont il parvenait difficilement à le faire sortir. Un jour, il fut absent plus longtemps qu'à l'ordinaire ; lorsqu'il revint à l'atelier du palais Pisani, son frère aîné, Léopold Robert était étendu sur les dalles rouges de sang... Il était mort. (1).

---

(1) Léopold Robert était de la religion réformée ; son corps repose au *Lido*, où se trouve, à Venise, le cimetière des protestants. La destinée réservait du moins à ce grand artiste de reposer sur cette terre qu'il avait tant aimée.

CHAPITRE VI

Arrivée. — L'Aria Cativa. — La Porte del Popolo. — Saint-Onufrio. — Opinion d'un élégant parisien. — Saint-Pierre. — La Place. — Le Portail. — Les Bénitiers. — La Coupole. — Les San Pietrini. — Les Baldaquins. — Le Bramante. — Michel-Ange. — Maderne et le Bernin. — Effet général. — Rome pittoresque. — Michalon. — Le Sirocco. — Un jour de Fête.

En quittant *Civita Castellana*, et plus loin *Monterosi*, on traverse une sorte de désert de dix ou douze lieues avant d'arriver à Rome. Ces environs de l'antique cité sont inhabités et inhabitables, à moins de prendre l'*aria cativa*, fièvre tierce qui, par sa longue durée, peut devenir mortelle. Ces plaines ne sont pas cependant précisément marécageuses ; des mouvements de terrains s'y font remarquer ; le sol, sablonneux mais fertile, est cultivé dans quelques endroits et produit du blé en abondance. Le reste, couvert de pâturages, est occupé durant six mois de l'année par de nombreux troupeaux, envoyés en été à la montagne. Des petits ruisseaux qui en descendent coulent rapidement vers le Tibre ; ils laissent à découvert des couches de basalte mêlées de sable et de coquillages, et à l'examen il est difficile d'expliquer d'où peut provenir cet air pestilentiel qui se fait surtout sentir avant le soleil levé et après le coucher du soleil. Peut-être serait-il téméraire d'en faire remonter l'origine à cette longue succession de générations, qui ont rejeté dans le voisinage de l'antique cité tout ce qui pouvait nuire à la santé de ses habitants ; toutefois en songeant que dans Rome même on foule partout des amas de débris, qui ont élevé le sol actuel de vingt à trente pieds, n'est-on pas tenté de conclure que ces couches énormes de détritus, sous certaines conditions atmosphériques, deviennent la principale cause de cette affection toute spéciale ?

« Roma vorax hominum dormat ardua colla virorum ;

» Roma ferax febrium, necis est uberrima frugum,

» Romanæ febres stabili sunt jure fideles, écrivait, au XIe siècle, saint Pierre Damien au pape Nicolas II.

Notre première impression, en entrant dans la ville éternelle, ne fut nullement séduisante, il pleuvait à torrents, la *porte del Popolo*, construite sur les dessins de Michel-Ange, et l'obélisque égyptien nous parurent affreux; il fallait subir les ennuis de la douane, se loger dans un local convenable, régler nos comptes avec le *Veturino*, assemblage de petites misères, que notre italien douteux tendait à aggraver. Ce jour-là nous ne vîmes de Rome que les vulgaires murailles d'une chambre d'hôtel, d'énormes parapluies circulant dans les rues et le fond de nos malles.

Le lendemain de notre arrivée, par une première matinée de printemps et d'un printemps d'Italie, nous étions à rêver et à lire de beaux vers dans l'enclos du couvent de Saint-Onufrio, assis au pied du chêne du Tasse avec Herminie et Clorinde. Devant moi j'avais la vallée que le Tibre a creusée, que la ville a remplie : Rome était toute entière à nos pieds ; je pouvais de là l'étudier à vol d'oiseau. Ma première pensée n'avait pas été de me lancer comme la tourbe des voyageurs sur la piste d'un guide, qui m'aurait gâté par son érudition ce que j'aurais cherché à juger, et empoisonné par sa présence les émotions intimes que pouvaient me procurer mes découvertes. Cette privation fut poussée si loin que plus d'une semaine s'écoula sans que la tentation me vînt de visiter Saint-Pierre, ce monument où les touristes routiniers courent d'abord.

Ma pensée en voyageant est celle-ci : Faites-vous un plaisir de vos devoirs, mais n'allez pas vous faire un devoir de vos plaisirs. C'est pourquoi je me garderai bien de recommencer pour le lecteur un cours d'antiquité fort rabâché et des plus assommants. Durant le temps que j'ai passé à Rome, j'ai rempli deux volumes de recherches archéologiques, tous les matériaux seraient sous ma main, et rien ne me serait plus facile que de prodiguer la science et l'ennui ; j'aurai la générosité de ne pas le faire. Pour être vrai, je dois dire que quelques mésaventures m'ont guéri de cet orgueil de professer dans le *Forum*. Il m'arriva deux fois dans mes courses d'antiquaires, m'appuyant sur Nibby et Visconti, d'indiquer à droite ce qui était à gauche et de citer des dates plus que douteuses ; un petit abbé, un peu boiteux, pas mal bossu, me releva de la bonne manière. Je ne fus tranquille que lorsqu'il il eut quitté Rome, je le rencontrais partout. Quoiqu'il en soit, c'est parce que j'ai tout vu ici, que j'engage les curieux à l'être moins que moi ; et en sortant, par exemple, des chambres et des loges de Raphaël, de ne pas se faire un devoir de voir les chefs-d'œuvre de l'illustre M. Legros et du fameux Léandre, artistes inconnus par un grand nombre d'ouvrages, comme disait Rivarol ; à Rome ainsi qu'à Paris avec l'école de Legros, vanté par Nibbi, de David exalté par la meute révolutionnaire, nos pères ont empoisonné les églises et les galeries. Pendant des siècles il faudra que les générations futures subissent les chefs-d'œuvre de Bernin, tandis qu'ils verront s'effacer les fresques du Vatican et de la Farnesina, et puis que l'on vienne dire que l'Italie est la terre classique des arts! Mais que de choses différentes entre Paris et Rome, nous disait un élégant compatriote ; à Paris la bonne compagnie veut-elle s'aller promener, cela s'appelle : aller au bois, ici on nomme cela *andar al corso*; consacre-t-elle sa soirée à une pièce en vogue, on dit : aller au spectacle ; à Rome, c'est *andar al teatro* ; et voilà, ajoutait-il, ce qui est vraiment curieux et instructif pour l'observateur, car des ruines et des tableaux on en voit partout.

Au milieu de nos courses vagabondes, il nous arrive cependant de passer vis-à-vis de Saint-Pierre, il fallait bien s'arrêter et se rendre compte. La première impression ne fut pas agréable et cette place de près de mille pieds de longueur, toutes ces colonnes, cette façade avec quatre rangées de fenêtres y compris l'attique et l'entresol, ce pesant balcon, qu'on nomme la loge des Bénédictins et qui coupe en deux le péristyle corinthien de la façade, vous rapetissent personnellement et vous donnent plutôt l'idée d'un bâtiment d'habitation que la pensée que vous vous trouvez en face du premier temple de l'Europe. Il faut avouer toutefois que cette impression ne dure pas ; lorsqu'on est entré à Saint-Pierre, on est étonné, surpris par ce qui vous entoure. L'immensité de l'édifice est voilée, pour ainsi dire, par l'harmonie de l'ensemble, à ce que disent les Italiens, tandis que les architectes prétendent que cet effet provient de trois arcades qui mesurent toute la longueur de la nef du milieu. Aux premiers pas vous ne pouvez apprécier les proportions colossales des objets qui vous entourent; ainsi à une certaine distance les anges ou si l'on veut les enfants des bénitiers, paraissent comparativement petits, tandis que lorsqu'on s'approche on les trouve beaucoup plus grands que nature. La coupole surtout augmente cet étonnement des proportions. En considérant ce dôme même d'en bas, dit l'auteur de Corinne, on croit voir des abîmes suspendus sur sa tête. Pour l'admirer dans toutes ses gigantesques parties, il faut suivre une de ses rampes douces que l'on appelle *cordonnata* qui conduit sur l'église. A cinquante mètres au-dessus du sol, on s'arrête sur une plate-forme, suspendue dans les airs. Une véritable population de quatre cents employés qui n'ont d'autres occupations que l'entretien et l'appropriation de la basilique ; les *san Pietrini* habitent les combles, et cette plate-forme, ornée d'une fontaine, offre le mouvement et l'aspect d'une place publique. On peut atteindre ainsi une hauteur vertigineuse ; les objets vus de cette élévation sont à peine distincts ; le regard plonge dans ce que madame de Staël appelle un abîme où les lampes de l'autel apparaissent comme des points lumineux perdus dans l'espace.

Les audacieux et les insatiables, il s'en rencontre parmi les voyageurs, veulent souvent monter encore plus haut. L'escalier rampe sous la calotte inférieure du dôme, et on y rencontre un passage assez singulier où la courbure est en dessous, si bien que l'on gravit le corps penché en arrière, en se guidant au moyen des appui-mains. Au-dessus du dôme se trouve la lanterne ; pour y parvenir, on s'insinue dans une sorte de colonne creuse, façon d'étui, escalier fort peu agréable. De cette partie supérieure, il faut arriver à la boule par une échelle en fer parfaitement droite. C'est alors qu'ainsi que l'aurait dit Sancho Pansa, la terre apparait comme un pois, les hommes comme les insectes qui pullulent, hélas! en Italie. On conte qu'il y a une cinquantaine d'années, pendant que deux religieux espagnols se trouvaient dans la boule, il survint un tremblement de terre, qui la faisait sauter en cadence. Un de ces pauvres moines en mourut de frayeur. Les fabricants de statistiques ont calculé le nombre d'hommes qu'on pourrait y loger; nous pouvons assurer qu'un très-petit nombre y est déjà fort mal, à moins que de se mettre à cheval sur les barres de fer qui traversent cette boule en tous sens, pour la soutenir. Je voulus pour ma part, et malgré l'opposition de mes amis, faire le tour du dôme en dehors, sur la saillie de la corniche. Il n'y a point de garde-fous, aussi les fous n'y vont-ils pas; quant aux audacieux. leur témérité n'est pas si grande qu'on pourrait le croire, et ma précieuse personne ne courait pas un grand danger, car on peut toujours s'appuyer d'une main sur l'édifice, et la corniche ayant plus de six pieds de saillie il devient difficile d'aller rouler dans les airs.

Une autre échelle de proportion qui fait apprécier les dimensions de ce monument, c'est le fameux baldaquin qui est placé sur ce dôme. Quand vous l'apercevez du bout de la nef, il semble ne s'élever que de quelques pieds au-dessus du sol, et cependant il a la même élévation que le fronton de la colonnade du Louvre. C'est à

Excursions.

dire quatre-vingt-dix pieds de hauteur. Mais, hélas ! ces proportions colossales font son seul mérite, et lorsque le cavalier Bernin, sur les ordres du pape Urbain VIII, fit arracher tous les ornements de bronze qui garnissaient la voûte et le portique du Panthéon, pour en faire faire ce baldaquin à colonnes torses, et la balustrade en cuivre qui entoure ce qu'on appelle la Confession, où reposent les restes du prince des Apôtres, il prépara de cuisants regrets aux véritables antiquaires.

C'est d'ailleurs une chose qu'on est entraîné à se répéter lorsqu'on visite l'ancienne basilique, qu'après le Bramante et Michel-Ange, Maderne, Bernin et quelques autres ont outragé ces pierres en osant continuer l'œuvre des architectes de Jules II et de Léon X, et qu'il est à regretter que les plans de Buonarotti, comte de Canossa, ami de Laurent de Médicis, n'aient pas été mieux respectés par les successeurs du fils du Magnifique.

Après une visite prolongée dans cette église, si l'admiration a d'abord été refoulée par cet affreux portail que Maderne substitua au péristyle majestueux qu'avait rêvé Michel-Ange, il faut convenir que l'harmonie de l'ensemble, la richesse des détails impressionnent vivement le visiteur. Le vide que circonscrit l'immense coupole, l'éclat des marbres, des mosaïques, des voûtes resplendissantes d'or, le silence et une certaine couleur que l'air prend pour ainsi dire, les reflets pourprés, les étincelles de lumières qui jaillissent de toutes ces richesses finissent par vous amener à éprouver une émotion que très peu de monuments peuvent faire naître.

Ce qui fait le charme de Rome, c'est un mélange fortuit des images les plus gracieuses et les plus diverses. Ici c'est une porte ouverte d'une maison sans apparence qui laisse apercevoir au fond de la cour une petite fontaine surmontée de quelques fragments antiques de sculptures, ombragée par un jasmin retombant en franges légères ; là ce sont les restes d'un aqueduc servant de repoussoir à la plus riche perspective ; ailleurs une masure en terre est adossée à un antique palais de marbre dont il n'existe plus que des pans de murs et dont le sommet accidenté est bordé de giroflées et de pariétaires. Partout la nouvelle ville s'élève ou s'appuie sur les ruines de l'antique séjour des Césars, et les marbres magnifiques qui revêtent les monuments modernes ne sont encore que des emprunts faits à la ville d'Auguste et d'Adrien.

Rien de plus attrayant pour des artistes, aucun endroit du monde ne les laisse jouir de plus de liberté. A Rome, ils peuvent aller, venir, s'arrêter, pénétrer partout pour y peindre et pour y dessiner. Libre à eux de s'établir au milieu de la rue, sur les places, dans les palais, jusque dans les églises, sans craindre la curieuse importunité du peuple qui, en France, les suivrait, les entourerait et les forcerait à fuir. On voit ici, debout sur une échelle, un architecte qui mesure un monument ; ce spectacle n'attire pas les regards d'une foule stupide ; on passe sans faire attention au peintre fût-il au milieu du Forum, monté sur un arbre ainsi que faisait Michalon, ou même sur la corniche d'un autel où l'on dirait la messe. Heureuse insouciance, fruit de l'habitude et d'un peu de respect pour les anciennes gloires de l'Italie ; un artiste n'est pas un étranger, c'est presque un ami; ne continue-t-il pas à enrichir d'une page nouvelle ce recueil déjà si admiré par toutes les nations de monuments qui ont servi de berceau à la civilisation humaine !

Trois heures de contemplation à Saint-Pierre et le sirocco, ce vent de plomb qui vous entête et vous hébète — « *Vertiginosi, hebetantes et plumbici* — » a dit Hippocrate, me rendait toute occupation impossible. Je faisais le soir, tout dolent, une promenade au *Corso*, lorsque je rencontrai un avocat italien, auquel j'avais été recommandé qui eut pitié de mes douleurs : — « Il vous faut de la musique, me dit-il, si vous le désirez, je vais vous présenter chez la comtesse Loz....., c'est sa fête, il *Giorno onomatico*, il y aura musique et abondance de sonnets. J'accepte ; nous voilà dans une réunion assez nombreuse, la *padrona della casa* était en même temps la *prima donna* de son concert. Quand elle eut chanté son grand air, un gros monsieur, fort important, s'approcha de la dame, et, malgré le lorgnon dont il aidait sa myopie, lui demanda à elle-même quelle était cette cantatrice qu'on venait d'entendre, ce qui nous mit en gaîté. Deux amateurs très-forts, trop forts, lui succédèrent et jouèrent sur le piano une sonate à quatre mains, sans compter les bras, qui parut faire beaucoup de plaisir aux hommes du Nord qui se trouvaient parmi les auditeurs : —« Aho ! quelle *exécoutione !* s'écria un Anglais ; ce mot me fit penser au bourreau et à moi la victime. Je ne pus trouver d'autre éloge à leur adresser, sinon qu'il était difficile de tirer plus de *forte* d'un piano. Personne n'osa plus ensuite se présenter pour faire autant de bruit, et la pluie des sonnets survint ; malgré notre enthousiasme, il y avait de quoi nous refroidir.

A mes côtés se trouvait un compatriote accompagné de sa nièce ; ce brave homme, professeur de belles-lettres à Paris, quoique sous l'*influenza* du *sirocco* avait supporté bravement l'épreuve de la musique; mais lorsque vinrent les sonnets, comme il ne saisissait pas plus que moi les beautés des *Concetti*, il céda à un accès de sommeil, et sa tête se pencha sur mon épaule. Sa nièce, qui avait de trop jolis yeux pour les fermer, le réveilla à plusieurs reprises, un sonnet nouveau voilait derechef ses paupières.

— « Allons ! mon oncle, lui dit-elle enfin, ne vous endormez pas comme cela, vous n'êtes pas malade : c'est que vous vous écoutez. »

En entendant ce propos, je ne pus m'empêcher de songer, comme l'aurait fait, sans doute, mon brave monsieur cherchant l'étymologie de cannibale, combien notre langue avec sa bonhomie prête parfois à la malice et comme on peut faire des épigrammes avec les intentions les plus bienveillantes du monde.

CHAPITRE VII

La place d'Espagne. — Le Corso. — L'Académie de France à Rome. — Quelques directeurs, Schnetz, Horace Vernet, Ingres. — L'Académie et Stendhal. — La Villa Médicis. — Berlioz, son arrivée à Rome. — La vie des pensionnaires de l'Etat. — Les Peintres inconnus et sans avenir.

La place d'Espagne, à Rome, n'a pas moins de renommée que le Corso, et elle n'en mérite pas davantage. Ce fameux Corso ne vaut pas mieux que la via Babuino ou la Ripetta, et sa largeur n'est pas plus grande que celle de notre rue de Richelieu, côté du boulevard. Ce qui a fait la réputation de la place d'Espagne, ce sont quelques belles maisons et sa fontaine de construction médiocre. Les Anglais et les Russes ont adopté les hôtels de cette place, et ils ont imposé au monde cette admiration de Béotiens.

Son seul agrément est la vue de la Trinité-du-Mont et de ses deux clochers carrés, de l'obélisque du jardin de Salluste, placé en dominateur sur le haut escalier d'Étienne Gueffien, et son voisinage de la villa Médicis qui plane sur Rome entière, dont la terrasse s'élève à côté du Pincio et de la villa Borghèse, au-dessus de la place du Peuple et de ses trois églises.

La villa Médicis sert de résidence au directeur et aux pensionnaires de l'Académie de Rome.

Ces directeurs, nous en avons connu un certain nombre.

Et d'abord, Schnetz, le peintre des bandits, des Italiens peau-rouge, des vieilles loques et des tableaux en bustes. Celui-là était peu partisan de la vieille et illustre école de Perugin, des Carrache, et des Jules Romain ; mais il tenait beaucoup à sa direction, à son traitement et aux salons de la Villa-Médicis. Il conseillait plutôt les études d'après nature que les copies des grands maîtres ; quant à la musique et à la gravure, dont il avait les Grands-Prix parmi ses pensionnaires, c'était pour lui lettre close ; il n'appréciait, en fait d'harmonie, que celle des couleurs.

Schnetz mettait son esprit au service de son amour-propre : faisait-il à ses élèves l'insigne honneur de les admettre à visiter, dans son atelier, un tableau qu'il venait d'achever :

« — Vous savez, Messieurs, leur disait-il, qu'il vous est permis de ne pas tout dire. »

Vint plus tard Horace Vernet, fabricant de grandes toiles, de ces batailles alignées qui lui permettaient de ne peindre qu'un seul homme, les autres disparaissant dans la perspective ; la prise de Rome, invisible dans son tableau, ce qui faisait répondre à un rapin auquel on demandait où était la ville : « Impossible de la voir, puisqu'elle est prise. » Horace Vernet, *grand* peintre, mais artiste spirituel, bien élevé, ami de ses pensionnaires, dont les salons réunissaient toutes les illustrations indigènes et exotiques. Deux fois, il nous offrit l'occasion de juger son caractère : la première, dans la cour de la Villa-Médicis, où nous le rencontrâmes, jouant au ballon avec sa colonie française; la seconde, dans son salon que fréquentait M. Beyle, dit *Stendhal*, l'auteur de *Rouge et Noir*, de *la Chartreuse de Parme*. Vernet, pendant que ce gros et paradoxal auteur soutenait, avec plus d'esprit que de bon goût, l'inutilité d'une Ecole des Beaux-Arts et l'envoi des pensionnaires à Rome, écoutait avec politesse assaisonnée d'un sourire un peu ironique, sans chercher à lui faire sentir son manque de convenance et de savoir-vivre.

Ces salons, par la distinction et la bonne grâce que madame Horace Vernet mettait à en faire les honneurs, nous rappelèrent ceux de son petit hôtel de la rue de la Tour-des-Dames à Paris. Louise Vernet contribuait à les embellir, Paul Delaroche y jouait au noble jeu de l'Oie, renouvelé des Grecs, pas ceux qui vivent du baccarat, avec le vieux Carle Vernet; il fallait éviter de prononcer les mots treize ou celui de mort, qui auraient effrayé sa vieillesse timorée, quoique de temps à autre elle se crût autorisée à enfanter encore des calembours.

Lorsque Vernet quitta la villa Médicis, il fut remplacé par Ingres dont nous ne voulons rien dire ; nous devons ajouter toutefois que ce futur sénateur, au devant duquel on alla plusieurs jours de suite à pied, à cheval, en voiture, s'annonçant toujours, n'arrivant jamais, jugea convenable d'entrer de nuit dans la ville éternelle, et nous laissons au lecteur à décider si cette prise de possession clandestine se fit seulement par modestie.

Empruntons maintenant quelques souvenirs à notre ancien ami Hector Berlioz, l'auteur de la *Cantate de Sardanapale*, décrivant la vie des pensionnaires de l'Académie de France pendant le séjour qu'ils font à Rome.

Mais d'abord donnons quelques détails sur la villa Médicis, dont nous avons oublié à peu près de parler.

La villa Médicis fut construite, en 1557, par Annibal Lippi ; Michel-Ange y ajouta quelques embellissements. Elle est située sur cette portion du *Monte Pincio* qui domine la ville, et de laquelle on jouit d'une des plus belles vues qu'il y ait en Italie. A droite, s'étend la promenade du *Pincio*, c'est l'avenue des Champs-Elysées de Rome. Chaque soir, au moment où la chaleur commence à baisser, elle est inondée de promeneurs à pied, à cheval, et surtout en calèche découverte, qui, après avoir animé pendant quelque temps la solitude de ce magnifique plateau, en descendent précipitamment au coup de sept heures, et se dispersent ainsi qu'une nuée de moucherons emportés par le vent. Telle est la crainte qu'inspire aux Romains le mauvais air, que si un petit nombre de promeneurs attardés, narguant l'influence pernicieuse de l'*aria cativa*, s'arrête encore après la disparition de la foule, pour admirer le magnifique paysage qu'éclaire le soleil se couchant derrière le *Monte Mario*, vous pouvez être certains que ces imprudents rêveurs sont des étrangers.

A gauche, l'avenue du *Pincio* aboutit à la petite place de la *Trinita del Monte* et à la place d'Espagne ; à droite, de beaux jardins dans le goût de Lenôtre, comme doivent l'être les jardins de toute honnête Académie. Un bois de lauriers et de chênes-verts, élevé sur une terrasse, en fait partie, borné, sur un côté, par les remparts de Rome, et, de l'autre, par le couvent des *Ursulines* françaises, attenant aux terrains de la villa Médicis.

Enfin, en face, on aperçoit, au milieu des champs incultes de la villa Borghèse, la triste et désolée maison qu'habita Raphaël, et, comme pour assombrir encore ce mélancolique tableau, une ceinture de pins parasols, en tous temps couverte d'une noire armée de corbeaux, l'encadre à l'horizon.

Telle est à peu près la topographie de l'habitation vraiment royale dont la munificence du gouvernement français a doté ses artistes durant le temps de leur séjour à Rome. Les appartements du directeur sont d'une somptuosité remarquable, mais les chambres des pensionnaires, par opposé, petites, incommodes, mal meublées, laissent beaucoup à désirer. Dans le jardin se trouve la plus grande partie des ateliers des peintres et des sculpteurs ; les autres ont été disséminés dans le palais ou perchés sur un petit balcon élevé donnant sur le jardin des Ursulines, et d'où l'on aperçoit la chaîne de la *Sabine*, le *Monte Cave* et le camp d'Annibal. Une bibliothèque est ouverte jusqu'à trois heures aux élèves laborieux ; bien peu la visite. D'ailleurs, liberté illimitée ; ils sont tenus, il est vrai, d'envoyer chaque année à Paris, un tableau, une sculpture, une gravure ou une partition ; mais quelques-uns ne font que cela, et prétendent que le café Greco et la vue des chefs-d'œuvre, surtout le *far niente,* doivent leur suffire.

Revenons à Berlioz dont nous avons promis de vous conter la réception à l'*Academia di Francia* :

« L'*Ave Maria* venait de sonner quand je descendis de voiture
» à la porte du palais Médicis ; cette heure étant celle de dîner, je
» m'empressai de me faire conduire au réfectoire, où l'on venait
» de m'apprendre que mes nouveaux collègues se trouvaient
» réunis. Mon arrivée à Rome ayant été retardée par diverses
» circonstances, on n'attendait plus que moi ; et à peine eus-je
» mis le pied dans la vaste salle dans laquelle siégeaient, autour
» d'une table bien garnie, une vingtaine de convives, qu'un

» hourra à faire tomber les vitres, s'il y en avait eu, s'éleva à mon
» aspect.

» — Oh ! Berlioz ! Berlioz ! oh ! cette tête ! oh ! ces cheveux !
» oh ! ce nez ! Dis-donc, Jalay, il t'enfonce joliment par le nez !

» — Et toi ! il t'ébouriffe fièrement par les cheveux !

» — Quel toupet !

» — Eh ! Berlioz ! tu ne me reconnais-pas ! Te rappelles-tu la
» séance de l'Institut, tes timbales qui ne sont pas parties
» pour l'incendie de Sardanapales ? Était-il furieux ! Mais, ma
» foi, il y avait de quoi ! Voyons donc ! tu ne me reconnais pas ?...

» — Je vous reconnais, mais votre nom ..?

» — Eh bien ! il me dit vous... Tu te manières, mon vieux ; on
» se tutoie tout de suite ici.

» — Eh bien ! comment t'appelles-tu ?

» — Il s'appelle Signol.

» — Mieux que çà, Rossignol.

» — Mauvais, mauvais le calembour.

» — Absurde.

» — Laissez-le donc s'asseoir !...

» — Qui ?... le calembour ?...

» — Non ! Berlioz.

» — Ohé ! Fleuri ! apportez-nous du punch... et du fameux ;
» çà vaudra mieux que les bêtises de cet autre qui veut faire le
» malin.

» — Enfin ! voilà notre section de musique au complet.

» — Eh ! Montfort, voilà ton collègue.

» — Eh ! Berlioz, voilà ton fort !...

» — C'est Monfort !

» — C'est son fort !

» — C'est notre fort !

» — Embrassez-vous !

» — Embrassons-nous !

» — Ils ne s'embrasseront pas !

» — Ils s'embrasseront !

» — Si !

» — Non !

» — A çà, mais... pendant qu'ils crient, tu manges tout le
» macaroni, toi ! Aurais-tu la bonté de m'en laisser un peu ?

» — Eh bien ! embrassons-le tous, et que çà finisse !

» — Voilà le punch ; ne bois pas ton vin.

» — Non ! plus de vin !

» — A bas le vin !

» — Cassons les bouteilles... Gare ! Fleuri.

» — Pick, panck !

» — Messieurs ! ne cassez pas les verres ; il en faut pour le
» punch. Je ne pense pas que vous vouliez le boire dans de petits
» verres.

» — Ah ! les petits verres, fi donc !...

» — Pas mal, Fleuri, ce n'est pas maladroit ; sans cela tout y
» passait.

» Fleuri était le nom du factotum de la maison ; ce brave
» homme, si digne, à tous égards, de la confiance que lui accor-
» daient les directeurs de l'Académie, était en possession, depuis
» de longues années, de servir à table les pensionnaires. Il a vu
» tant de scènes semblables à celle que je viens de décrire, qu'il n'y
» fait plus d'attention et garde un sérieux de glace, dont le con-
» traste est vraiment plaisant. Quand je fus un peu revenu de
» l'étourdissement que devait me causer un tel accueil, je m'aper-
» çus que la salle où je me trouvais offrait l'aspect le plus bizarre.
» Sur l'un des murs sont encadrés les portraits des anciens pen-
» sionnaires, au nombre de cinquante environ ; sur l'autre, que
» l'on ne peut regarder sans rire, d'effroyables figures de grandeur
» naturelle étalent une suite de caricatures, dont la monstruosité
» grotesque ne peut se décrire, et dont les originaux ont tous
» habité l'Académie. Malheureusement l'espace manque aujour-
» d'hui pour continuer cette charivarique galerie, et les nouveaux
» venus dont l'extérieur prête à la charge ne peuvent plus être
» admis aux honneurs du grand salon.

» En peu de jours, je fus au fait des habitudes du dedans et du
» dehors de l'Académie. Une cloche, parcourant les corridors et
» les jardins, annonce l'heure du repas. Chacun d'accourir dans le
» costume où il se trouve : en chapeau de paille, en blouse déchi-

» rée ou couverte de terre glaise, les pieds en pantoufles, sans
» cravate ; enfin dans le laisser-aller complet d'un costume d'ate-
» lier. Après le déjeuner, nous perdions ordinairement une ou
» deux heures dans le jardin à jouer au disque, à la paume, à
» tirer le pistolet, à fusiller les malheureux merles qui habitent le
» bois de lauriers, ou à dresser de jeunes chiens. Horace Vernet,
» dont les rapports avec nous étaient plutôt d'un excellent cama-
» rade que d'un sévère directeur, prenait fort souvent sa part de
» ces divertissements. Le soir, la visite du café *Greco* semblait
» obligée. Ce café est bien le plus affreux caboulot qu'on puisse
» imaginer : salle obscure, humide ; rien ne justifie la préférence
» que lui accordent les artistes de toutes les nations fixées à
» Rome. Son voisinage de la place d'Espagne, du restaurant qui
» est en face, lui attire un nombre considérable de chalands ; on
» y fume d'exécrables cigares ; le café qu'on y boit n'est pas bon ;
» et le punch du patriotisme, offert au nouveau venu, est une
» véritable drogue. Des trois salles qui composent cette tabagie,
» la première est réservée aux Français, la seconde aux Anglais, la
» troisième aux Allemands. Tous vivent dans la plus parfaite
» harmonie ; mais, si les Anglais ingurgitent davantage, si les
» Allemands ne cessent jamais de fumer, les Français sont les
» plus bruyants, et se considèrent comme les maîtres de la place.
» Ceux qui font partie de l'Académie sont désignés par le sobri-
» quet — les hommes d'en haut, — tandis que les autres artistes

» français reçoivent le titre d'hommes d'en bas, ce qui n'est pas
» tout à fait conforme au langage qu'on devrait parler dans la
» République des Arts.

» Lorsque les heures de la nuit ont commencé, la plupart des
» pensionnaires de la caserne académique se réunissent sous le
» grand vestibule qui donne sur le jardin. Quand je m'y trouvais,
» nous disait Berlioz, ma mauvaise voix et ma misérable guitare
» étaient mises à contribution, et, assis tous ensemble autour d'un
» petit jet d'eau qui, en retombant dans une coupe de marbre,
» rafraîchit ce portique retentissant, nous chantions, au clair de
» la lune, les rêveuses mélodies de *Freyschutz*, d'Obéron, les
» chœurs énergiques d'*Eurianthe* ou des actes entiers d'*Iphigénie*
» *en Tauride*, de la *Vestale*, ou de *Don Juan*, car je dois dire, à la
» louange de mes camarades, que le goût musical de la majorité
» était des moins vulgaires. »

Cette esquisse des habitudes des pensionnaires de notre Académie ne fait pas naître la pensée de sérieuses études qui doivent cependant être le but de leur séjour en Italie, aux frais de l'Etat. Si les hommes d'en haut travaillent peu, que dire des hommes d'en bas, de cette foule inconnue d'artistes, plus ou moins encouragés, qui ne parviennent pas à sortir de cette triste médiocrité qu'ils ont acquis par un peu de savoir-faire et beaucoup de laisser-aller ? Nous avons visité, à Rome, plus d'un atelier qui ne nous a fait éprouver que le sentiment pénible d'une impuissance trop réelle comparée aux produits du génie des siècles passés. Quelques-uns de ces artistes ont vieilli ; ils sont trop fiers, même lorsqu'ils ne s'abusent pas, pour quitter la palette pour un autre métier. C'est avec peine qu'ils parviennent, au moyen de quelques copies ou de quelques portraits, que la photographie rend chaque jour plus rares, à pourvoir, d'une façon précaire, à la subsistance de leur famille. Remontez à la cause de cette persistance à suivre une vocation trompeuse, vous trouverez les habitudes despotiques et vulgaires des administrations des Beaux-Arts. En France, ces boutiques de directeurs et de juges sans talent, ne se sont occupés, de tout temps, que de se faire des créatures ; on a encouragé les artistes au dépend des arts. On a tant commandé de portraits officiels, de copies inutiles ; on a payé tant d'excursions fantaisistes ; on a si bien prodigué les récompenses qui n'ont rien à récompenser, qu'un peuple d'incapables et de parasites a surgi, rapin, âpre, illusionné, remplissant les antichambres depuis l'heure où on les ouvre jusqu'à celle où on les ferme. La réception aux expositions est devenue une affaire de camaraderie, les bonnes places un objet de faveur, le grand prix est un moyen d'achalandage de l'atelier du maître. On a créé les *Mandarins hors concours* qui mènent doucement à la somnolence académique; on a mis à la tête d'une administration, qui devrait être dirigée par un homme indépendant et haut placé, le frère du promoteur des anciens ateliers nationaux, indigne d'entrer dans celui d'un artiste ; on a agi, en un mot, pour rabaisser l'art, cette chose sacrée, au niveau d'une banalité et d'une marchandise. Et qu'on ne prenne pas la douleur et la compassion que nous inspire cette situation pour du mépris ; pour nous, le dernier des adorateurs de l'éternelle beauté nous semble plus digne d'estime que le soupirant le plus favorisé de la fortune. Mais je voudrais, si son culte est sans espoir, que la société ne l'encourageât pas dans son martyre ; martyre composé de souffrances physiques et morales dont on cherche à se sauver par du métier, c'est-à-dire la décadence d'une école qui ne travaille plus pour la gloire ni pour l'avenir.

CHAPITRE VIII

L'Art musical en Italie. — La Musique religieuse. — Au Théâtre. — Dans la campagne de Rome. — Aptitude des Italiens pour la Musique de chant. Leur infériorité sous les autres rapports.

Si l'Italie possède encore, malgré les révolutions qui l'ont si souvent agitée, de précieux monuments, des tableaux nombreux, chefs-d'œuvre d'une inspiration sublime, ces richesses plus réelles que celles enfantées par l'industrie, appartiennent à des siècles déjà loin de nous, tandis que les productions musicales datent pour ainsi dire de nos jours. L'ancienne école a laissé très-peu d'ouvrages, on ne les exécute nulle part; ceux de l'école moderne sont représentés presque toujours à Paris. La grande et belle partition de Rossini, *Guillaume Tell*, est inconnue pour les trois quarts à Rome, à Naples, à Florence. Se propose-t-on d'étudier l'art du chant? C'est bien, il est vrai, la terre classique des chanteurs; mais ceux-ci n'ont pas plus tôt un talent un peu remarquable que nous les voyons accourir en France. Les Rubini, Tamburini, Grisi, Malibran, Sontag, Patti, etc., ont fondé leur réputation à Paris, et y passent une bonne partie de leur vie d'artiste. Se livre-t-on à la musique instrumentale? il faut franchir le Rhin et non les Alpes. En vain chercherait-on en Italie de la musique bien exécutée; au théâtre, aux cérémonies religieuses, à part des soli de chants, il n'y a aucune jouissance à attendre; le peuple lui-même, ce peuple qui passe pour improviser perpétuellement des Barcarolles et des Saltarelles n'a de goût que pour les mélodies sautillantes; rien de mélodieux, rien de l'âme; toute sa poésie semble se traduire par un rayon de soleil.

Ceci peut paraître un paradoxe, il n'en est rien cependant; nous demandons la permission d'apporter quelques preuves pour constater une vérité qui finira par s'établir.

Occupons-nous d'abord de la musique religieuse.

Croirait-on que dans l'admirable basilique de Saint-Pierre, l'orgue, un peu plus grand que celui de l'Opéra de Paris, est une sorte d'harmonium monté sur des roulettes? Peut-être n'est-il là que pour donner le ton aux chanteurs ; mais combien pense-t-on qu'on en emploie? A notre conservatoire, les chœurs sont composés de quatre vingt-dix voix, tandis qu'à St-Pierre où il faudrait les compter par centaines, on en possède dix-huit pour les jours ordinaires et trente-deux pour les fêtes solennelles. J'ai même entendu à la chapelle Sixtine un *Miserere* exécuté par cinq voix; jugez de l'effet que cela devait produire !

Il est vrai qu'en général il s'agit des œuvres de Palestrina et que trente-deux chanteurs suffisent pour cette musique, car elle est des plus simples. Généralement ce sont des psalmodies à quatre parties, où la mélodie et le rythme ne sont pas employés et dont l'harmonie se borne à l'emploi des accords parfaits et de quelques suspensions. Allegri, Léo, Baïni, etc., ont écrit ou arrangé de la musique aussi innocente.

Quand il arrive d'introduire un orchestre dans une église, l'art n'y est pas plus respecté.

Il nous fut donné (il est vrai qu'il y a de cela trente ans), d'assister à une messe solennelle à grands chœurs et à grand orchestre pour lequel notre ambassadeur, M. de Saint-Aulaire, avait demandé les meilleurs artistes de Rome. Un amphithéâtre élevé devant l'orgue pouvait contenir une soixantaine d'exécutants. Ils commencèrent par s'accorder à grand bruit comme ils l'eussent fait au foyer d'un théâtre ; mais le diapason de l'orgue, beaucoup plu bas que celui de l'orchestre, rendait, à cause des instruments vent, tout accord impossible. Un seul parti restait à prendre, se passer de l'orgue; le signor organiste ne l'entendait pas ainsi : il voulait faire sa partie, dussent les oreilles des auditeurs être écorchées jusqu'au sang. Suivant la louable coutume des organistes italiens, il n'employa durant toute la cérémonie que les jeux aigus. L'orchestre, plus fort que cette harmonie de petites flûtes, la couvrait assez bien dans les tutti ; mais quand la masse instrumentale venait à frapper un accord sec, suivi d'un silence, l'orgue dont le son traîne un peu, comme on sait, et ne peut couper aussi bref que ceux des autres instruments, dominait alors un instant à découvert, laissant entendre un accord d'un quart de ton plus bas que celui de l'orchestre, miaulement comique peu digne du saint lieu. Pendant les intervalles remplis par le plain-chant des officiants, les concertants, incapables de contenir leur démon musical, préludaient lentement, tous à la fois, avec un incroyable sans gêne ; ils faisaient des gammes en ré, le cor sonnait une fanfare en mi bémol, les violons se livraient à d'aimables cadences, à des gruppetti charmants; le basson, tout bouffi de son importance, énonçait ses notes graves en faisant claquer ses grandes clefs, et durant ceci, les gazouillements de l'orgue continuaient à jeter de petites perles dans un tohu-bohu digne de Callot. Tout cela se passait en présence d'hommes graves, civilisés, de l'ambassadeur de France, du directeur de l'Académie, de cardinaux, d'ecclésiastiques, d'une réunion d'artistes appartenant à toutes les nations. Et encore si la musique avait été bien choisie! mais les compositions semblaient dignes des exécutants; cavatines avec crescendo, cabaletes, points d'orgue, roulades, œuvres sans nom, monstre de l'ordre composite dont une phrase de Vaccaï formait la tête; des bribes de Pacini, les membres, et un ballet de Galemberg, le corps et la queue.

Cette esquisse d'une messe en musique n'est pas une exception à ce qui se passe tous les jours. Les Italiens, nous le répétons, n'ont pas d'école musicale; leurs compositions datent d'hier. Les organistes qui devraient trouver dans de sérieuses études, des harmonies écrites par d'anciens maestri, pleins de sciences et d'inspiration pieuse, ne savent que répéter des fragments d'ouverture du *Barbier de Séville*, de la *Ceneretolla*, d'*Othello*; la musique théâtrale de Rossini et de Bellini, Bellini dont la *Norma* pourrait être l'excuse.

Ce défaut d'aptitude musicale qui n'a aucun rapport avec l'amour de la mélodie, se démontre encore par l'exécution des œuvres des compositeurs illustres dans presque tous les théâtres d'Italie. Laissons de côté ceux de Gênes et de Venise, qui sont au niveau de nos orchestre de vaudevilles, et disons un mot des artistes appelés à Rome et même à Naples, à faire apprécier l'œuvre des maîtres.

Rome n'a qu'une saison théâtrale; les chanteurs y ont en général la voix bien posée, bien timbrée et une facilité de vocalisation que nous nous plaisons à reconnaître, mais ils sortent rarement d'une médiocrité insuffisante; les chœurs sont bien certainement au-dessous de ceux de notre opéra-comique, pour l'ensemble, la justesse et la chaleur. L'orchestre est un peu comme l'armée du prince de Monaco et possède, sans exception, toutes les qualités qu'ailleurs on appellerait des défauts. Au théâtre Valle, ainsi qu'à celui d'Apollon, dont les dimensions égalent celles du Grand-Opéra, à Paris, les violoncelles sont au nombre de... un, lequel, à l'époque où nous avons eu la satisfaction de l'entendre, exerçait l'état d'orfèvre, pendant qu'un autre musicien, assis à côté de lui, était obligé pour vivre de rempailler des chaises. Dans ces théâtres, le mot symphonie, ainsi que celui d'ouverture, n'est indiqué que pour désigner un certain bruit que font les orchestres avant de lever la toile et auquel personne ne fait attention. Weber et Beethoven sont là des noms à peu près inconnus. Un savant abbé de la chapelle Sixtine disait un jour à Mendelsohn qu'on lui avait parlé d'un jeune homme de grande espérance nommé Mozart. Quelques érudits sont, il est vrai, plus avancés que lui, ils savent qu'il a écrit des partitions remarquables, mais qu'il est loin de Donizetti; j'en ai même rencontré un qui osait le placer au-dessus de Vaccaï, celui-là était bien hardi ! Comment d'ailleurs espérer une appréciation sérieuse d'un public qui parle tout haut durant la représentation; qui bat la mesure avec les pieds, les mains, les cannes, les parapluies; qui joue, qui soupe dans des loges et n'écoute que le morceau infligé à l'admiration vulgaire. C'est ainsi que ces prétendus dilettanti arrivent à n'avoir qu'un jugement de convention, une admiration routinière, des applaudissements convenus. La moindre innovation imprévue dans le style mélodique, dans l'harmonie, le rythme ou l'instrumentation les met en fureur.

A l'apparition à Rome du *Barbieri di Siviglia*, de Rossini, si complétement italien cependant, les spectateurs voulurent assommer le jeune maestro pour avoir eu l'insolence de faire autrement que Païsiello. Ce qui rend encore tout espoir d'amélioration chimérique dans leur éducation musicale, c'est cet amour exclusif pour tout ce qui est dansant, chatoyant, brillant, gai, en dépit de la situation dramatique, en dépit des passions diverses qui animent les personnages, en dépit des temps et des lieux, en un mot : en dépit du bon sens. Leur musique rit toujours, et quand, par hasard, dominé par le drame, le compositeur se met un instant à n'être pas absurde, vite il s'empresse de revenir au goût général, au style obligé, aux roulades, aux gruppetti, aux cadences, qui succédant immédiatement à quelques accents vrais, ont l'air d'une raillerie, et donnent à l'opéra séria toutes les allures de la parodie et de la charge.

Passons maintenant à la musique populaire, si bien comprise par les Allemands, à peu près ignorée par les Italianissimes.

Dans nos excursions de paysagistes aux alentours de Rome, dans les montagnes de la Sabine, dans quelques heureuses vallées où la vie est douce et facile sous les ombrages qu'éclaire un ciel d'azur, écoutons ces concerts que la mandoline accompagne, mélodies qui devraient jaillir de l'inspiration et du cœur.

J'avais terminé une étude à Tivoli, quand l'envie de visiter Subiaco me prit avec la pensée que je pouvais y arriver avec les premières heures du soir. Subiaco est une petite ville de trois à quatre mille âmes, bâtie d'une façon bizarre autour d'une montagne en pain de sucre. L'Anio, qui s'en va à Tivoli, me servit de guide; en alimentant quelques usines assez mal entretenues, ce petit cours d'eau a porté un peu de civilisation et de bien-être sur ses rives.

C'est à Néron que Subiaco doit son nom. Ce fils d'Agrippine fit barrer le lit de l'Anio par une énorme muraille dont on retrouve des ruines, et forma ainsi un lac d'une grande profondeur, de là le nom de Sub laco. Le couvent San-Benedetto, situé plus haut sur le bord d'un immense précipice, reçoit de nombreux visiteurs, parfaitement accueillis par les moines. En continuant à monter, on parvient à l'ermitage, aujourd'hui abandonné, *del Beato-Lorenzo.* C'est une solitude d'un caractère sauvage; des rochers nus, d'un ton rouge, l'entourent. Des plantes grimpantes, des arbrisseaux broutés par les chèvres, donnent seuls une apparence de vie à cette terrible retraite. Je m'arrêtai pour faire un croquis, la nuit vint, et grand ! fut mon bonheur qui me permit de parvenir à Subiaco sans avoir roulé dans quelque précipice.

Il y a une société philharmonique à Subiaco, il s'y trouve un café où se réunissent les politiques, il y a même plusieurs Locanda, mais pas une de bonne. Hélas ! qui veut parcourir l'Italie en artiste doit faire abondante provision de résignation et de patience. Pourquoi ce peuple est-il si sale ? — Ceci me rappelle un mot d'un garçon de bain à Rome. Je lui demandais s'il voyait beaucoup de monde ? — « Parfois, disait-il. — Des Italiens ? — Parfois. — Qui donc encore? — Des Anglais, monsieur, des Anglais, il faut que ce peuple soit bien sale, car il se lave toujours. »

Il était près de onze heures du soir lorsque j'obtins qu'on me servît mon repas sur une terrasse couverte de pampres que la lune éclairait d'une lumière argentée. J'avais refusé toute lumière pour ne pas attirer les moustiques; mes regards se perdaient dans quelques silhouettes de montagnes qui semblaient décorées d'une frange d'argent, lorsque les premiers accords d'une mandoline vinrent frapper mes oreilles. Un Ragazzo, aux vigoureux poumons, émettait de toute sa force une chanson d'amour sous la fenêtre de sa Ragazza. La mandoline fut bientôt accompagnée d'une musette et d'un petit instrument de fer de la nature du triangle, qu'ils appellent dans le pays stimbalo. Le chant ou plutôt le cri du Ragazzo consistait en quatre ou cinq notes d'une progression descendante, et se terminait en remontant par un long gémissement de la note sensible à la tonique, sans reprendre haleine. La musette, la mandoline, le stimbalo, sur un mouvement de valse continu, bruissaient deux accords en succession régulière et uniforme dont l'harmonie remplissait les instants de silence placés par le chanteur entre chacun de ses couplets ; suivant son caprice celui-ci repartait ensuite à plein gosier, sans s'inquiéter si le ton qu'il attaquait si bravement discordait ou non avec l'accord frappé dans le moment par les accompagnateurs et sans que ceux-ci s'en inquiétassent davantage. On aurait pu croire qu'il chantait au bruit d'une cascade. Eh ! bien, il faut que je l'avoue, soit à cause de l'heure et du lieu, soit prédisposition romanesque de ma part, ce rustique concert me fit tressaillir, il me plongea même dans une sorte de demi-soleil rempli de charme, et probablement la Ragazza du beau pâtre, car je le vis plus tard, lui dut, elle comme moi, une nuit des mieux employées.

Cette phrase mélodique n'émanait pas d'un improvisateur du crû. Je l'ai souvent entendue, depuis cette nuit de si bon sommeil, dans mes excursions dans les Abruzzes, de Subiaco à Arce, dans l'ancien royaume de Naples.

En résumé, la musique n'est pour les Italiens qu'un plaisir des sens. Pour ne pas revenir plus tard sur ce sujet, ajoutons qu'au théâtre Saint-Charles, à Naples, le lieu où certainement la musique est le mieux comprise, il se trouve encore des lacunes, des compositions d'orchestre inexplicaples. Le système déplorable d'y employer toujours moins de violoncelles que de contre-basses, ne saurait être justifié que par le genre de musique sans basses, que les Italiens exécutent habituellement. Le maestro di Capella frappe rudement le pupitre de son archet d'une manière souverainement désagréable. On m'a assuré que sans cela les musiciens qu'il dirige seraient parfois embarrassés pour suivre la mesure. La conséquence qui en ressort, c'est l'infériorité du sentiment musical par rapport à celui qui anime des orchestres tels que ceux de Berlin, de Dresde ou de Paris. Les chœurs, cette partie qui devrait être leur triomphe sont d'une faiblesse extrême; je tiens d'un compositeur qui a écrit pour le théâtre Saint-Charles, qu'il est fort difficile, pour ne pas dire impossible, d'obtenir une bonne exécution des chœurs notés pour quatre parties. Les soprani marchent difficilement isolés des ténors, et on est pour ainsi dire obligé de les faire doubler constamment à l'octave. La musique pour les Romains, les Napolitains et les Florentins, c'est un air, un duo, un trio bien chantés. Il est vrai qu'en aucun autre pays on ne rencontre de plus belles voix, non seulement sonores et mordantes, mais souples et agiles, qui, aidées de cet amour naturel du public pour le clinquant, fait naître cette fureur de floritures qui dénature les plus belles mélodies, comme elles font naître cette déplorable formule de chant qui fait que toutes les phrases italiennes se ressemblent, sans avoir compris que ces abus ont rendu, jusqu'à présent, la mélodie, l'harmonie, le rythme, l'instrumentation, les modulations, le drame, la mise en scène et la poésie, le poète et le compositeur, esclaves humiliés des chanteurs.

Nous compléterons cette appréciation, fruit d'études sérieuses, en avouant que depuis le commencement du xix⁰ siècle, l'Italie a fourni des compositeurs habiles qui nous ont légué des partitions brillantes et faites pour flatter les amateurs d'impressions faciles et généreuses, mais nous ajouterons que jamais le génie de cette nation ne s'éleva à la hauteur de conception des Mozart, des Beethoven, des Meyerbeer, et que même, à part toute partialité patriotique, plus d'un de nos compositeurs français dépasse comme science harmonique, comme sentiment du vrai, ce que les Italiens exaltent et divinisent.

CHAPITRE IX

La Population romaine. — La Classe moyenne. — Les Transteverins. — La Classe titrée. — Les mœurs. — Une conversazione. — Anecdotes.

Pour les touristes qui ont séjourné en Italie, rien n'est plus frappant que la différence de types, d'habitudes, de caractère, existant entre les populations romaines et napolitaines. L'unité sous ce rapport est encore loin de s'établir. A Naples, on vit au milieu d'un bruit continuel et assourdissant; à Rome, tout est calme et repos : je n'ose dire respect et souvenir. Il serait certainement hasardé d'attribuer cette réserve relative à un sentiment de dignité issu des traditions du passé, le peuple n'en a guère souvenance, et si la classe moyenne possède quelques notions de son histoire, l'orgueil et la vanité de ce passé ne servent qu'à développer l'infatuation de la situation actuelle, situation dont elle se rend médiocrement compte.

J'ai rencontré d'honorables marchands qui, tout en désirant ce qu'ils appellent leur émancipation, n'étaient pas sans manifester quelques craintes de voir Rome destinée à devenir un jour la capitale, non-seulement de l'Italie, mais du monde entier. Cette ambition contenue, qui descendait des temps où régnèrent les Césars, m'a rassurée ; je craignais déjà la conquête des Gaules.

Il faut avoir le courage de le dire, la bourgeoisie de Rome, tracassière et peureuse, voudrait tout à la fois changer et conserver le gouvernement qui la régit. Ses instincts sont frondeurs, mais ses intérêts sont prudents ; elle comprend qu'en s'avançant elle récolte la République quand elle ne voulait que la réforme et l'émancipation, et cependant l'expérience ne la rend pas plus prévoyante. En petit comité, quand les portes sont closes, le Romain exalte l'annexion et l'unité ; il traite le Saint-Père de tyran, et nos soldats d'oppresseurs ; le roi de Piémont est pour lui le roi d'Italie, et Garibaldi est son prophète. Les jours de troubles et de manifestations, ce fanatique va au Corso, pousse deux ou trois cris de : *Viva l'Italia una !... Viva Vittorio Emmanuele !...* et se sauve à toute jambe dans sa maison, regardant à travers les persiennes si la révolution va commencer. Pour comble d'audace et pour témoigner de sa prédilection en faveur du souverain de son choix, il porte d'épaisses moustaches, une barbe inculte qui lui donnent l'aspect d'un chat en colère. Sa femme a sur la poitrine une broche représentant le roi galant homme et en toilette ; au spectacle ou en promenade, elle étale un luxe de couleurs patriotiques qui, de loin, la font ressembler à un petit arc-en-ciel.

Beaucoup de touristes qui cherchaient au passage des descendants caractérisés de l'ancien peuple romain, se sont imaginés que les Transteverins en avaient conservé la physionomie. Des recherches fréquentes, plusieurs études d'après nature des types les plus accentués en hommes et en femmes, nous ont prouvé que les habitants de cette partie de la ville n'offraient, comme formes, aucune différence avec celles que l'on retrouve dans la campagne des environs de Rome. Nous possédons, il est vrai, un portrait rempli de caractère d'une jeune fille qui consentit, au prix d'un petit bijou en or, à nous donner deux séances... Mais nous devons ajouter que cette jeune fille passait pour avoir assassiné son amant quelques mois auparavant. Une certaine férocité, une malpropreté repoussante dominent chez cette race dangereuse. Certes, elle n'a pas hérité du courage des vieilles légions qui firent la gloire de Rome. Son courage, à elle, est d'une nature particulière, il consiste à ressentir vivement une offense et à s'en venger n'importe comment. Le transteverin ne vous attaquera jamais en face, il vous attendra la nuit au coin d'une rue, s'élancera sur vous, et vous frappera par derrière. On nous a raconté que plusieurs de ces misérables, ne trouvant pas l'occasion de se venger ainsi, suivaient les étrangers et les dénonçaient aux brigands, leur servant d'intermédiaire après leur prise, afin d'obtenir une rançon qu'ils s'appropriaient, laissant ainsi à d'autres le soin de frapper celui qu'ils avaient réussi à dépouiller sans avoir à redouter l'action de la justice.

Quant à la noblesse romaine, elle abonde, comme celle de Naples, en princes, en marquis et en comtes ; les barons sont plus rares. Ici, de même que dans toutes les grandes villes d'Italie, il y a luxe de palais et d'équipage au détriment de la table et du confort. De grands appartements sans mobilier, un ou deux domestiques pour tout faire, y compris la conversation avec les maîtres; une cuisine sans feu, une cave sans vins, une malpropreté générale, telle est la physionomie de l'existence des hautes classes qui se passe toute entière à l'église, en voiture et dans les salons. Ajoutons que l'instruction y est rare, mais que l'esprit naturel et l'amabilité y sont très-répandus; que sous le rapport des cancans, la société n'a rien à envier aux villes de province, ce qui n'empêche aucunement la liberté d'action, et nous aurons un aperçu des habitudes des grandes familles, dont la mission paraît être depuis longtemps d'approvisionner le gouvernement pontifical de camerling, de *maestri di camera* et de gardes-nobles. Il faut cependant excepter de cette catégorie quelques illustres maisons, les princes Doria, Borghèse,

Corsini, dont la fortune est immense, les Torlonia et deux ou trois autres non moins riches, mais dont la récente élévation n'a pas encore permis d'oublier l'origine.

Ce qu'on est convenu d'appeler l'étiquette exerçait autrefois un grand empire dans la société romaine, il faut lire l'ouvrage d'il Signor cavaliere Lunedore sur la Corte di Roma (Roma 1774) pour se former une idée de quels usages était entourée la rencontre des cardinaux, la réception qu'on devait leur faire, celles des évêques. Je maintiens, dit l'auteur que nous venons de citer, qu'un cardinal étranger qui fait visite à un cardinal romain, doit être placé au fond de l'appartement vis-à-vis de la porte et à côté du maître de la maison, et que s'il y a d'autres cardinaux, ils doivent être placés à côté les uns des autres, exactement sur la même ligne, toujours en face de la porte... etc... A la même époque, les princes romains avaient pour maître des cérémonies, un noble n'ayant que la cap et l'épée, un intendant, un bibliothécaire, un secrétaire, un chapelain et des commis pour tenir les comptes de sa fortune. Alors, il était également reçu que les femmes des grands seigneurs eussent leur maison à part, différentes de livrées, différentes de voitures, portant leurs armoiries respectives. La dame devait avoir son gentilhomme qui devait être noble, et l'on se souvient encore à Rome d'avoir vu la princesse X***, conduite par son officier, tandis que le prince, son mari, suivait sans jamais lui offrir son bras ni causer avec elle.

Les réunions sans cérémonies sont nombreuses, un étranger bien élevé, ayant quelque fortune, muni de lettres de recommandations, peut en faire facilement partie. S'il aime le monde, il trouvera dans ces conversazioni de l'esprit, une grande simplicité de tenue ; s'il est observateur, beaucoup de types à étudier ; l'usage n'étant pas encore général, en Italie, d'abdiquer entièrement sa personnalité pour emprunter la tournure raide, gourmée de l'Anglais cuirassé dans sa nullité, et blindé dans son orgueil.

On cause et on joue dans ces soirées, quelquefois on y fait de la musique, mais, je le répète, il y existe une sorte de liberté d'action qui, il est vrai, diminue chaque jour, mais dont cependant ne jouissent pas en France, et surtout en Angleterre, les réunions du même genre. L'usage du cercle n'est pas de rigueur ; on se cherche, on se groupe, dans le même salon il y a vingt causeries différentes ; la maîtresse de la maison n'a pas à s'occuper de son monde, l'ennuyeux, le pédant, l'homme important n'imposent plus la fatigue et l'ennui. Approchez-vous de ces diverses causeries, vous entendrez parler sur les sujets les plus variés, quoiqu'ainsi que dans une partition musicale, il y ait une tonique qui domine l'œuvre entière. Dans les salons qui reçoivent souvent et où les étrangers sont admis, ce mélange avec la société italienne, au lieu de nuire à sa physionomie, lui procure au contraire une saveur qu'on pourrait appeler les épices de la réunion. On parle toutes les langues, on passe en revue le monde entier, c'est un babil aimable qui n'a pas la prétention d'escalader le ciel et dont il ne reste rien que quelques historiettes amusantes dont nous allons tâcher de donner une idée.

Cependant, avant de nous mêler aux causeurs, qu'il nous soit permis de constater quel attrait jette dans une réunion cet abandon de l'espèce de stratégie mondaine qui consistait à former un demi-cercle dont la cheminée semblait le siége. Avec cette façon d'agir, les femmes sont assises ensemble, les hommes restent debout et discutent entre eux, car, vous avez dû souvent l'observer, on discute, on pérore debout, on ne cause qu'assis. L'étiquette indiquait certaines places d'honneur qui blessaient parfois des vanités méconnues, il fallait que la soirée se prolongeât, qu'un incident inattendu vînt rompre ce ridicule arrangement pour que les groupes se forment, que les attractions se produisent, pour échapper, en un mot, à cette sérieuse dignité qui rendait un salon insupportable. Une maîtresse de maison intelligente devrait toujours, à la fin d'une soirée, étudier le désordre de son salon, prendre conseil de ces meubles placés maintenant de la manière la plus commode pour la conversation, et qui ont l'air d'être restés là pour continuer à servir d'écho. Elle doit surtout prendre exemple des habitudes italiennes, qui consistent à laisser aller la conversation et à ne pas prétendre la limiter, la diriger de même qu'un président gourmé d'académie. Toute préméditation empêche la conversation d'être agréable; laissez-la errer dans tous les sentiers, être souple, enjouée, grave, plaisante, pourvu qu'elle ne s'impose pas ou qu'elle ne s'égare pas sur un terrain trop glissant. Il est déraisonnable de vouloir au même niveau ces causeurs si divers : les uns sont vieux, ceux-ci sont jeunes, quelques-uns sont intelligents, beaucoup sont naïfs. Madame la duchesse de Saint-Leu racontait à ce propos les graves instructions qu'elle avait reçues de madame Campan, de pédante mémoire. Si l'on est douze à table, disait cette célèbre institutrice, il faut parler littérature, voyages ; si l'on est huit, il faut parler sciences, beaux-arts ; si l'on n'est que six, on peut s'occuper de politique et de philosophie ; si l'on est quatre, la conversation peut devenir plus intime, il est permis de s'entretenir de choses sentimentales, d'affaires de cœur. — Mais si l'on est deux ? — Oh ! ma foi, nous dirons, nous, qu'alors chacun doit parler de soi, le tête-à-tête appartient à l'égoïsme.

Au commencement du siècle, les reines des salons de Rome étaient la princesse Borghèse, la duchesse de Caserte, mesdames Piccolomini, Petroni, Ricci, Falconieri, Sampieri, etc. D'autres ont succédé, mais leur héritage s'est transmis à mesdames Borghèse, Doria, Corsini, dont l'immense fortune rend les réunions nombreuses et brillantes. Que de charmantes causeries, de piquants propos, de physionomies originales s'y réunissent et saisissent l'attention des visiteurs! Quel dommage qu'un mot en fasse oublier un autre, que l'artiste ne puisse y porter ses crayons pour illustrer ce qu'il entend dire! Ah! la curieuse galerie qu'on aurait alors! le talent de Raphaël n'y serait pas nécessaire, celui de Callot, sauf les guenilles, le remplacerait avec avantage. Au milieu des chefs-d'œuvre des arts, dans cette ville dépositaire de toutes les gloires, sous les plafonds dorés de ces salons réunissant tous les genres d'illustration, on s'assurerait que la sottise humaine est de tous les pays, de tous les temps, de toutes les classes, et que c'est vainement qu'on voyagerait si l'on ne cherchait qu'à la fuir.

Dans les réunions nombreuses peuplées de touristes appartenant aux deux mondes, les quiproquo sont fréquents, et tous ne savent pas s'en tirer avec l'aplomb du comte Louis de Narbonne qui, dans un salon de Naples, demandait à son voisin en désignant une dame : — Quel est ce petit monstre? — Monsieur, c'est ma femme... — Elle est charmante ! et il changea d'entretien avec une vivacité et une grâce qui ne permettrait pas de trouver autre chose dans ce qu'il venait de dire qu'une inattention pardonnable.

Nous avons été témoins, à Rome, d'une bévue amusante de la part d'un jeune et charmant compatriote, auditeur au conseil d'État, possédant autant d'aplomb, mais un peu moins habile à replâtrer une sottise.

C'était chez madame S...., on était au mois de juin, la chaleur était grande; une femme se trouve indisposée. — Madame est peut-être grosse? dit notre élégant, dans cette situation, ces malaises là arrivent fréquemment. Le frère de la dame, un marquis italien, l'interrompt, et d'un ton fort sec. —Monsieur, vous devriez savoir que ma sœur est veuve depuis deux ans. L'auditeur, décidé à dire une seconde bêtise pour mieux accentuer probablement la première, reprend : — Comment veuve? de si bonne heure, monsieur le marquis? mais madame a l'air si jeune ! je l'aurais crue bien plutôt demoiselle ! — Comme on doit être content de soi, nous disait un ancien préfet, présent à ce délicieux propos, quand on va se coucher avec deux traits d'esprit de ce genre !

Ce qui devient encore plus grave, c'est lorsqu'une maîtresse de maison se mêle de ce genre de coq-à-l'âne.

La princesse B..., qui se piquait d'entendre parfaitement notre langue, assistait dans une de ses soirées à une conversation où se trouvait peu de monde et qu'un monsieur alimentait avec de vieilles anecdotes. Il se plaignait de trouver l'Italie soumise à la censure avec une liberté de la presse trop limitée.

Nous avons eu en France, ajoutait-il des hommes distingués qui se sont efforcés de l'étouffer; M. Romain de Sèze, alors président de chambre, poursuivait sans pitié les journaux et les brochures qu'il qualifiait de pamphlets pour peu qu'ils fussent politique. M. de Talleyrand cita un jour à ce propos le vers de Corneille :

<blockquote>Je rends grâces à Dieu de n'être pas Romain.</blockquote>

— Comment, Romain ! s'écria la princesse B..., mais c'est une calomnie cela, nous sommes le premier peuple du monde !

Cette naïve exclamation est d'ailleurs charmante, ce qui doit suffire à une femme. Dans son salon, elle promène en souveraine ses regards sur la foule qui l'entoure et dont elle semble exiger impérieusement les hommages, elle sait que pas un ne doit lui manquer, et elle à l'air de dire comme Nelson à ses marins : — L'Angleterre compte que chaque homme fera son devoir.

Ces faiblesses d'esprit peuvent être considérées souvent comme des *lapsus linguæ*, mais voici un *lapsus calami* plus singulier et bien plus amusant.

Une autre notabilité du monde romain, jolie également, mais certainement plus spirituelle, lancée dans une conversation un peu médisante, se retranchait dans une réticence qu'on la pressait d'expliquer et on lui disait insidieusement : — « Mais il faut que ce soit une bien mauvaise pensée puisque vous la cachez. » — Elle répondit finement et avec un charmant sourire. — « Croyez-vous donc que je sois mal faite parce que je m'habille ?... » Un Anglais,

de ces touristes qui ne veulent rien laisser échapper sortit un petit agenda de sa poche et écrivit cette réponse. La dame qui connaissait son visiteur, demanda à voir ce qu'il venait d'écrire. L'insulaire, avec l'aplomb de l'innocence, communiqua sa note et voici ce qu'elle lut à haute voix au grand plaisir de l'assistance :
— « Croyez-vous que je sois mal faite parce que je babille ?

Encore un mot entendu dans le salon du directeur de l'académie de France à Rome, il fut prononcé par un monsieur que malgré son nom nous ne pouvons croire italien.

— Torre del Grecco, San Sebastiano, sont en cendres, disait-on devant lui, l'éruption du Vésuve est terrible..... deux cents personnes brûlées.....

— Mais qui donc y a mis le feu ? exclama notre naïf.

Et ce naïf était peintre !

CHAPITRE X

Un homme bien malheureux. (1).

Le contact avec les hommes fait naître incessamment des épisodes dans les voyages, car ce n'est pas précisément l'impression que les choses nouvelles et étrangères amènent, mais ce sont plutôt les caractères, les mœurs, les usages des pays que l'on parcourt, qui donnent au tableau son accent de vérité, sa physionomie spéciale.

---

(1) Cette étude recueillie en partie dans le salon de madame de Girardin, a été publiée aussi en partie par elle dans ses spirituels feuilletons.

Nous avons rencontré en Italie un homme malheureux, il s'en trouve partout, sans doute; cependant on n'est pas malheureux partout de la même manière, le milieu dans lequel nous vivons contribue plus que tout le reste à ce qui constitue le malheur.

Et d'abord qu'est-ce qu'un homme malheureux?

Nous écartons la misère, les passions inassouvies qui appartiennent à tous les pays et à toutes les époques, nous trouvons que, dans ces situations, le principe douloureux est presque toujours en nous-mêmes, et qu'il pourrait être dominé par l'ordre, la virilité, une plus exacte appréciation des aptitudes dont nous sommes doués ; nous mettons également hors de ligne ces catastrophes qui nous frappent, malheurs inattendus, indépendants de notre volonté, de notre action. Ce que nous entendons ici par malheur se rattache au pain quotidien moral de la vie, au contact de nos semblables, à ces mille riens qui nous enlacent, que nous ne saurions éviter, petits malheurs sans doute, mais tourments insupportables par l'obligation que nous avons précisément de les supporter.

L'homme malheureux que nous avons rencontré à Rome, que nous avons retrouvé à Naples, que nous aurions pu découvrir à Paris ou à Londres, est un homme bien élevé, riche, modeste, et cependant instruit, doux et réservé quoiqu'ayant de l'imagination et du cœur; au premier abord, chacun le croit heureux et tout le monde se trompe. Cet homme est sans remords, et pourtant sa vie est un long châtiment; cet homme est sans ennemi et malgré cela il subit une persécution incessante, minutieuse, acharnée, tout le fait souffrir; on ne dit pas un mot qui ne l'offense, on ne fait pas une démarche qui ne le révolte. Chaque jour cet homme est blessé dans ses croyances les plus sacrées, ses souvenirs les plus chers sont profanés, on le heurte dans toutes ses idées, on le blesse dans tous ses sentiments, il faut qu'il supporte ces affreux supplices sans se plaindre, il lui faut écouter des choses outrageantes qui l'indignent, qui l'exaspèrent, qui lui agacent les nerfs, le font grincer des dents, tout cela avec une résignation bienveillante, une patience angélique, dernière et suprême misère de sa condition. Oh! vous allez voir combien cet homme est malheureux.

Doué d'une piété sincère, il assiste aux émouvantes cérémonies de la semaine sainte à Rome, que voit-il partout? Chez les Italiens, des adorateurs de la pompe et de la grandeur de ces cérémonies; chez les étrangers, de la curiosité, souvent de l'irrévérence, toujours de l'ironie, parfois de la grossièreté. Voilà notre homme malheureux. A Saint-Pierre, au moment où l'on célèbre les plus saints sacrifices, au lieu du recueillement, de la prière, il entend les conversations les plus étranges, il aperçoit une foule qui s'agite, qui se promène, à peu près de même qu'elle ferait dans un café-concert. Est-ce tout? Hélas! non... on boit, on mange à côté de lui; un Américain trouve encore plus indépendant d'y fumer, quantité de chapeaux restent sur la tête, on critique, on se moque, on rit en montrant de la main, on grimpe sur les monuments, en un mot on oublie complétement que si on est entré dans un temple d'un culte qui n'est pas le vôtre, ces façons d'agir prouvent l'absence de toute religion et deviennent une insulte pour ceux dont on outrage ainsi la croyance et le recueillement.

Une autre fois, notre homme malheureux, révolté de l'attitude du public dans les funzione, visitait avec quelques étrangers comme lui les galeries du palais Borghèse. Un magnifique tableau du Corrége, éclairé par un de ces rayons lumineux qui viennent de temps à autre jeter une sorte d'auréole sur les chefs-d'œuvre, l'arrêta auprès d'un groupe qui admirait cette magnifique toile. Un petit bonhomme à physionomie pédante et gourmée, pérorait comme un commissaire-priseur au milieu des imbéciles qui l'entouraient. — « Sans doute, cela est remarquable, disait-il, mais il y a absence de style, la disposition est maladroite, le dessin manque d'étude, l'aspect est noir et sans attrait. » Révolté de ces paroles outrecuidantes, notre malheureux demanda quel était cet impitoyable censeur. — C'est M. Charles Blanc, lui répondit-on, le frère de celui qui siégeait, en 1848, au Luxembourg. — Il se sauva en déplorant cette opinion de famille de nier toute suprématie, même dans les arts.

Deux jours après, il se promenait mélancoliquement dans les

rues de Rome, cherchant à s'expliquer le singulier rehaussement que l'ancienne ville a éprouvée sur presque toute sa surface; il rencontra un membre de l'Institut qui lui prouva que cette différence de niveau ne pouvait provenir de décombres puisqu'il est reconnu qu'elle est composée entièrement de terre végétale. Cela lui fit naître de tristes pensées ; le savant n'en tint compte et, pour remplir son rôle d'antiquaire jusqu'au bout, il se mit à calculer que depuis Tibère à un pied seulement d'immondices par siècle ces remblais devaient atteintre 6 mètres de hauteur. Comme son auditeur ne répondait rien à cette démonstration peu séduisante, il lui fit voir l'escalier des palais qui se trouvaient sur leur route. On passait en ce moment vis-à-vis du palais Lanti, les promeneurs y entrèrent, le propriétaire se rencontra sur leur passage, il leur fit valoir sa cour entourée d'un double rang d'arcades, et, dans le milieu, un chef-d'œuvre antique, une statue d'Ino allaitant Bacchus. — C'est bien un dieu italien, pensa notre homme malheureux, il a déjà l'air d'avoir peur de l'eau ; la cour, les colonnes, les statues n'ont jamais été purifiées que par la pluie, les yeux n'y rencontrent, comme partout à Rome, que des marbres et des ordures, et il se sauva, portant sa misanthropie ailleurs... l'original !...

Nous croyons l'avoir déjà dit, d'ailleurs tout le monde sait cela, dans les grandes villes d'Italie, les théâtres ont des loges contenant un salon, parfois même un vestibule; on y cause, on y mange, on peut même y dormir. Il suffit de tirer des rideaux qui se trouvent du côté de la scène, pour n'y être plus vu. Dans ces réunions accidentées de visites inattendues, la musique est ce dont on s'occupe le moins. Pour notre misanthrope ceci était la source d'un nouveau malheur; au lieu d'une savante harmonie, d'accents mélodieux qu'il aurait dû entendre, ses oreilles ne lui transmettent que les propos les plus vulgaires, exprimés par des voix prétentieuses que la langue du Tasse ne suffisait pas à rendre attrayantes. Et que préférait-on, bon Dieu! aux mélodies de Rossini et de Donizetti? Des cancans stupides, des propos oiseux, de jolis petites médisances, et, se glissant tout doucement, bien innocemment, de bonnes grosses calomnies. Oh! comment ne pas être réjoui en entendant la comtessa parler avec envie des chevaux, de la toilette, des millions de la princessa, tandis qu'elle s'exprimait avec un superbe dédain sur les ridicules prétentions de la femme d'un avocato qui se permettait d'être jeune et jolie. Un marquis avec une voix de basse-taille exécutait sa partie dans ce petit concert; il contait la chronique scandaleuse, tandis que de jeunes monsignori laïques débitaient d'un ton flûté les menus propos du jour. C'était assurément une bien charmante harmonie, car personne ne semblait songer à celle de l'orchestre. Il est vrai qu'on jouait d'instruments autrement aimables que les violons, les altos ou les flûtes, et que chaque exécutant, grâce à son rare égoïsme, à sa sottise bien élevée, à ses talents de pose, de grimaces et de sourires, témoignait d'une supériorité très-marquée sur les pauvres musiciens de la salle. Quelle joie pour notre personnage bizarre! quelle soirée agréablement employée, combien ne doit-elle pas laisser de doux souvenirs? Enfin elle finit, il peut s'échapper sans inconvenance, le plus grand des vices. L'un des charmants qui venait de faire le bonheur de l'aimable causerie l'accompagne. — « Eh bien ! dit-il, que pensez-vous de cette délicieuse musique? » — « Je ne sais... » — « Avouez que la comtesse P... était adorable ce soir. » — « Sans doute. » — « Ah! cette saison de spectacle est très-courue; si toutes les loges n'avaient pas été occupées d'avance, il y aurait eu encore plus de monde..... »

Ce trait final achève l'homme malheureux; il bondit, il se sauve; sous le péristyle, il entend un jeune merveilleux crier avec impatience à sa mère : — La voiture est avancée, arrive donc ! tu n'en finis jamais..... — A ces mots il se rappelle sa digne et noble mère qu'il avait perdue, qui était pour lui l'objet de tous les respects... Il pâlit.... Cet homme-là croit encore à la majesté d'une mère! N'est-ce pas que c'est un grand original?

Et croyez-vous qu'en voyage il échappe à ce qui le froisse, le blesse, le rend malheureux? Ecoutez le récit de quelques-unes des misères qu'il récolte sous ses pas.

Il était venu à Rome par le Mont-Cenis ; la mer, le spectacle du mal de mer, voulons-nous dire, le prenait au cœur. Il voulut connaître Civita-Vecchia; en chemin de fer c'est une promenade; le voilà qui monte dans un compartiment de première dans lequel il se trouve trois personnes : une vieille dame en noir, un jeune homme et une jeune fille ; tout va bien d'abord; mais la chaleur était grande; le jeune Américain, on va voir qu'il ne pouvait être autre, commence par s'en plaindre, puis il ôte son paletot, sa cravate et son gilet; notre homme malheureux regarde la dame âgée : elle ne dit mot ; il se résigne. Un instant après, la jeune personne tire d'un sac de voyage un gilet de flanelle ; le frère, le mari, ou.... je ne sais quoi, se retourne et l'endosse. Notre original, de plus en plus choqué, interroge de nouveau la vieille dame du regard, elle paraît insensible; enfin l'Américain, car décidément il venait de se trahir, ôte ses chaussettes et place ses pieds nus sur la banquette à côté de notre homme ; alors il n'y peut plus tenir, il saute sur la voie au risque de la vie, et gagne un autre compartiment où l'on tienne un peu plus compte de la civilité non puérile mais honnête.

A table d'hôte, de cet hôte qui s'entend si bien à vous rançonner, il se trouve à côté de messieurs qui parlent haut, gardent leur chapeau, accaparent les plats, se servent et s'adjugent ce qu'ils trouvent de meilleur. Ici on n'est pas précisément pour écouter, la chose n'en vaut pas la peine, mais au moins doit-on avoir le droit d'y manger avec égalité. On oublie qu'à cette table se trouve des femmes. Tout-à-coup un enfant se lève, pleure et s'en va bouder dans un coin, la mère le suit. — Qu'as-tu? viens donc dîner ! — Non! — Tu es donc malade? — Non! — Tu n'as donc pas faim? — Si! Eh! bien, pourquoi ne viens-tu pas dîner? — Je ne veux pas dîner avec des socialistes.... Ce mot frappe notre misanthrope; le repas fini, il s'approche de l'enfant et lui demande ce que c'est que des socialistes? — C'est, dit-il, en faisant la grimace, ces messieurs là-bas qui crient si fort et qui prennent toute la crême. Il avait entendu ce mot la veille, et il n'en comprenait certainement pas la portée ; ne trouvez-vous pas cependant qu'il n'aurait pu mieux dire?

Ce mot me rappelle le récit d'un repas de bonne compagnie, que nous avons entendu faire dans un salon de madame Girardin (Delphine Gay); notre pauvre homme n'y assistait pas, je l'espère.

C'était, dit la charmante conteuse, un dîner d'élégants, de viveurs, réunis chez un ami dont la femme un peu provinciale était assez ignorante des mille recherches de la gastronomie parisienne; on était au mois de juin, l'eau dans les carafes n'était pas glacée. — Ah ! de l'eau chaude, s'écria l'un des convives ; François va me chercher de la glace ; vous permettez?... l'eau tiède me fait mal, je ne pourrais pas dîner. — La maîtresse de la maison était confuse. Un instant après, un autre convive dit à son voisin. — Pouh ! quel poisson! Si l'eau n'est pas fraîche, le poisson ne l'est pas non plus. — Oh ! mais c'est le saumon de Calino, répond le voisin. Vous savez, il voit au marché un saumon superbe et se dit : Dans quinze jours je marchanderai. — Qu'est-ce que c'est que ça ? demande tout haut un autre convive en examinant avec son lorgnon ce qu'un domestique vient de lui offrir. On sert le vin de Champagne, un vieux viveur en déguste une goutte, pose son verre sur la table, le reprend, l'examine, le regoûte encore, fait la grimace et finit par dire au maître de la maison : — Très-cher, est-ce que c'est toi qui fait ton vin de champagne ? il n'est pas mauvais, ce n'est pas du nouët, mais il y manque un peu d'estragon ; les éclats de rire accueillent cette saillie, le dîner devient très-gai, la maîtresse de la maison est rouge de honte, son mari enrage, mais il fait semblant de sourire; enfin, on se lève de table, et la dernière parole termine dignement cette charmante fête : — Ah ! que j'ai faim ! crie l'un des convives, en sortant de la salle à manger ; mes bons, je vous invite tous à souper au café Anglais, ce soir.

Notre homme malheureux n'était pas un poltron, mais il trouvait que Rome et ses environs offrait une sécurité douteuse. Peut-être n'avait-il pas tort; en veut-on une preuve? Voici le martyrologe de la dernière semaine passée par nous dans la Ville Eternelle.

1° Assassinat d'une femme ; 2° coups de couteau, *Costellada* à un étranger ; 3° attaque nocturne contre un Français ; 4° le même jour, vol à midi chez un boutiquier, le commis poursuit le voleur, qui se retourne et le menace toujours du couteau ; 5° assassinat d'un carabinier pontifical ; 6° vol d'un Anglais, le soir, au Colysée, à qui, oh ! shoking ! on ne laisse que sa chemise ; 7° enfin, dans la soirée, on apporte à l'hôtel de la Minerve un jeune homme, M. d'Aubigné, ex-zouave de Pie IX, blessé mortellement. Il a reçu une balle qui lui a traversé le corps, le coup lui a été tiré dans le dos, naturellement par un Romain.

On avouera que ce bilan peut inspirer quelques préoccupations même aux plus braves qui rentrent chez eux en pleine nuit.

Notre homme malheureux subit à ce sujet une fort ennuyeuse épreuve.

Il avait passé la soirée dans un salon de *converzatione*, et, par miracle, il ne s'y était pas trop ennuyé, ayant eu le bonheur d'être présenté à un excentrique comme lui, membre du parlement anglais qui l'avait très-courtoisement accueilli. Il était tard quand il sortit, il faisait beau, cela l'engagea à faire la route à pied ; d'ailleurs notre homme était armé ; le bruit des attentats, dans la ville, étant parvenu jusqu'à lui. Ces récits d'assassinats dont on s'était entretenu quelques moments auparavant ne laissaient pas que de le préoccuper. Quelqu'un marchait derrière lui ; il me suit, se disait-il... le voilà ! ses allures me paraissent suspectes, il s'arrête quand je m'arrête, laissons-le passer et tenons-nous sur nos gardes.

Le manége dura assez longtemps, nos deux personnages étaient prudents, personne n'aime à recevoir un coup de couteau dans les côtes ; enfin notre original se décide, il va frapper à sa porte, lorsque celui qui le suivait s'approche à quelques pas, il voit luire un stylet, il se hâte de montrer le sien et de se mettre en défense, quand tout-à-coup il reconnaît son gentleman anglais. — Quoi ! c'est vous, monsieur? — Sans doute, je voulais vous demander un renseignement, mais... — Pardon... les vols... les assassinats... je suis à vos ordres. — Mais vous m'accueillez le poignard levé, ce n'est pas encourageant... — C'est que vous êtes très-changé avec cet affreux cache-nez anglais. — Affreux !... anglais !... Adieu, monsieur ! et il ne le revit plus. — C'est dommage, se dit-il, cet étranger était aimable et instruit, de plus il était aussi brave que moi... Ah ! si nous avions été deux poltrons, nous aurions certainement commis un assassinat réciproque.

Mais combien d'autres misères font souffrir notre homme malheureux, que la liste des hommes qui le choquent, qui lui montrent le monde comme le voyait l'Alceste de Molière, appellent ses gémissements et sa douleur. La société toute entière telle qu'elle se constitue de nos jours le blesse et le révolte : il voit naître des mœurs qui amènent une corruption naïve et insensible dont personne ne songe à s'indigner. Par exemple, au jour des élections, un candidat qui veut triompher, qui en cherche les moyens, rencontre une calomnie, vite il l'emploie et n'y voit qu'une ruse de guerre. A la tribune, on l'attaque, il s'embarrasse, il faut répondre... il lui vient un mensonge... va pour le mensonge, ce sera peut-être de l'éloquence. Toutes les ruses sont autorisées, tous les expédients semblent bons, il faudrait des scrupules d'un autre âge pour repousser ces armes qui peuvent faire triompher, car il ne s'agit que d'une chose : n'être pas vaincu.

Puis dans ce qu'on est convenu d'appeler le monde, c'est ce monsieur gourmé, plein de son importance parce qu'il est arrivé, qui est moins poli avec vous qu'avec son laquais.

C'est cet ennuyeux conteur qui vous fait prisonnier par le bouton de votre habit pour vous faire comprendre ses projets de réforme sociale.

C'est cet autre importun qui vous retient lorsque vous avez à sortir, qui vous raconte sa maladie comme si vous étiez son médecin.

C'est celui-ci qui, à table, joue avec votre pain.

Celui-là qui ne parle que de lui, de sa fortune, de ses succès et dont toutes les phrases commencent par un *je* ou un *moi* plein d'égoïsme.

C'est cette mariée qui se promène sur le Corso le lendemain de son mariage.

C'est cette lettre de faire part qui vous annonce la perte *doulou-*

reuse d'un père ou d'un enfant comme s'il était possible qu'il en fût autrement.

C'est... Mais nous n'en finirions pas, et nos lecteurs trouveront bien d'autres versets à ajouter à cette litanie.

Eh! bien, cet homme malheureux n'est-il donc qu'un misanthrope, un original, un fou?... Non,... mille fois non, c'est tout simplement ce qu'on appelait autrefois un homme bien élevé ; c'est-à-dire un homme aux principes solides, nourri dès l'enfance dans la croyance de toutes les saintes choses, surtout dans l'aversion de l'égoïsme brutal. Il traverse la vie avec une condescendance limitée du plaisir des autres, mais avec ce respect de lui-même qui lui sert de frein. Enfin cet homme malheureux, c'est celui que le monde fait souffrir à chaque instant par ses usages grossiers, ses mensonges impudents, son bonheur insolent, ses comédies révoltantes ; on devrait le rencontrer partout ; il devient rare, voilà pourquoi nous nous sommes laissé aller à en esquisser les dernières traces que pourraient naturellement saisir un voyageur.

CHAPITRE XI

ROME

Le Vatican. — Les Tableaux et les Statues. — Les Peintres anciens et modernes. — Angelica Kauffmann. — Mengs. — Camucini, Serguel, Sigalon. — Henri Regnault. — Canova. — Thorwaldsen, etc. — Les Copistes. — L'Ecole Allemande. — Les Mosaïques. — L'Avenir de l'Italie par rapport aux Arts.

Après les heures de farniente que nous venons de passer dans les salons, celles que nous nous sommes laissé aller à donner à quelques considérations humoristiques, il est temps de reprendre notre mission de voyageur, et de revenir à des objets plus sérieux et plus dignes d'attention.

Nous allons consacrer les lignes suivantes à des richesses inestimables, parce que l'argent ne saurait payer le génie que Rome renferme dans son enceinte.

Le Vatican contient, à lui seul, plus d'objets d'art qu'aucun autre lieu du monde. Le Vatican n'est pourtant pas un palais dans l'acception vulgaire de ce nom ; c'est un assemblage d'énormes bâtiments, pleins de fenêtres, qui a été successivement augmenté par Bramante, Raphaël, Le Bernin, et par beaucoup d'autres architectes qui ont ajouté ailes sur ailes, étages sur étages. On trouve, dans l'intérieur de ce vaste édifice, vingt cours avec leurs portiques, huit grands escaliers, deux cents petits ; celui de la galerie des antiques a servi de modèle à l'escalier de notre musée du Louvre. La galerie des Antiques au Vatican est une suite de pièces, quelques-unes magnifiques, pavées de marbre, décorées de colonnes, surmontées de dômes. Les statues y sont placées dans un jour favorable : l'Apollon y a sa chambre spéciale ; le Laocoon se trouve dans une autre, éclairée d'en haut. Une bibliothèque possédant trente mille manuscrits, quelques-uns sur papyrus ; quatre-vingt mille volumes imprimés occupent une partie de cette immense construction. Deux des salles de cette bibliothèque, où malheureusement on ne voit pas les livres renfermés dans des armoires, ont quatre cents pas de longueur. Elle est ouverte au public depuis le mois de novembre jusqu'au mois de juin ; durant l'été, le mal aria oblige d'en fermer les portes. Une portion du

Vatican domine Rome ; la vue s'étend sur toute la campagne jusqu'à l'horizon des Apennins, couverts souvent de neige ; on nomme cet endroit le Belvédère. Les fresques de Raphaël occupent une succession de chambres qui forment les trois côtés d'une cour ; passons-les rapidement en revue.

Dans la première, le côté opposé aux fenêtres représente un grand incendie qui eut lieu à Rome sous le pape Léon IV. La composition en est médiocre, les figures manquent souvent de proportion ; quant à la couleur, elle est grise, froide malgré l'incendie, comme celles d'ailleurs de toutes les fresques, qui n'ont, à nos yeux, d'autre mérite que celle d'avoir plus de durée que la peinture à l'huile, et de ne pouvoir être transportée en Allemagne ou en Angleterre.

L'Ecole d'Athènes, qui se trouve dans la seconde chambre, jouit d'une grande célébrité. Examinée par parties, cette œuvre possède un vrai mérite. Des groupes heureusement arrangés, un dessin pur, de véritables difficultés vaincues, font oublier ce que le sujet avait d'ingrat. En effet, comment veut-on qu'un artiste rende le raisonnement ? Où trouve-t-on l'action dans le simple échange de la parole. C'est une chose trop souvent oubliée par les peintres que cette nécessité pour ainsi dire de forcer le spectateur à participer à la scène que le tableau représente, afin de lui communiquer l'impression du sujet. Le tableau de Paul Delaroche, la Mort d'Anne de Boleyn, cette épouse infortunée d'Henri VIII, dans sa prison, les yeux bandés, étendant les bras pour chercher le billot sur lequel le bourreau va lui trancher la tête, impressionne, remue bien autrement que les sujets dont l'action est accomplie, ou qui n'ont pas d'action, ainsi que l'Ecole d'Athènes.

La troisième chambre est consacrée à la délivrance de saint Pierre, et à la rencontre du pape Léon Ier avec Attila, ce rival d'Alexandre et de César.

La quatrième n'a que deux figures de Raphaël, elles sont peintes à l'huile, que Jules Romain a respectées en couvrant le reste de la muraille d'une fresque qui ne brille pas à côté de la peinture de son maître.

En sortant de cet examen, qui nous laissa une impression fâcheuse, nous nous dirigeâmes immédiatement vers les chambres appelées Borgia pour nous consoler un peu par la peinture à l'huile. Tout d'abord, nous rencontrons la Transfiguration, œuvre capitale de Raphaël, tableau très-estimé, très-contesté, qui, suivant nous, donne également raison aux critiques et aux admirateurs.

Il y a deux sujets dans la Transfiguration, tous deux tirés de saint Mathieu, ch. 17 : en haut, la Transfiguration ; en bas, le démoniaque. Les disciples, fort peu attentifs aux choses du Ciel, ne paraissent songer qu'à la cure de cet enfant, dont les muscles ont tout le développement d'un adulte dans la force de l'âge. Si l'unité manque dans cette composition, la puérilité a été poussée par l'artiste jusqu'à reproduire une énorme verrue sur le nez de l'un des personnages. On prétend, d'ailleurs, que Raphaël n'a exécuté que peu de chose dans ce tableau. Surpris par la mort, c'est Jules Romain qui l'aurait terminé. Nous trouvons l'ensemble dur, sans plans, sans profondeur; il y a de la sécheresse, une sorte de poli métallique qui cependant n'est pas celui du Pérugin. Un Italien, auquel nous osions avouer cette impression, affirmait que Raphaël était innocent de ces défauts, et que la France était seule coupable. C'est votre Denon, disait-il, qui, à force de nettoyer et de restaurer jusqu'au vif, sans égard au glacis, aux touches lumineuses, a fait naître cet effet que votre mortel vernis rend encore plus apparent.

Peut-être se trouve-t-il du vrai dans cette assertion ; mais alors pourquoi le saint Jérôme du Dominiquin qui, de même que la Transfiguration, a subi le nettoyage de nos directeurs du musée du Louvre, a-t-il conservé son harmonie, une vigueur que les Raphaël ne possèdent jamais ? Si nous allions jusqu'au bout de notre pensée sur ce sujet, nous nous ferions jeter des pierres ; inclinons-nous donc devant les hautes qualités de ce grand peintre, et passons à ce saint Jérôme qui réunit toutes les supériorités des œuvres magistrales, composition, dessin, expression, coloris, exécution harmonieuse et puissante, qui font du fils du cordonnier de Bologne, *Zampieri*, dit le Dominiquin, l'un des grands peintres d'une époque féconde en hommes de génie.

Il y a un singulier rapprochement à faire entre les destinées de

Raphaël et du Dominiquin, que l'exposition, dans la même salle du Vatican, de la Transfiguration et du saint Jérôme fait naître ; l'un fut entouré d'honneurs, jeune encore il fut riche, flatté, puissant ; l'autre, au contraire, vécut pauvre, contesté, méconnu. Raphaël, le créateur des chastes madones, sacrifia sa vie au culte de la matière ; Dominiquin mourut empoisonné par ses persécuteurs, Ribera et Lenfranc, et ses jours s'étaient écoulés à rêver la beauté morale, l'idéal de la nature.

Nous trouvons ensuite la sainte Pétronille, du Guerchin ; la Fortune, du Guide ; la Vierge de *Foligno*, de Raphaël ; l'Ensevelissement du Christ, du *Caravage* ; la Vierge aux quatre docteurs, de Perugin, tableaux trop souvent décrits et appréciés pour que nous soyons tentés d'en rendre compte.

Le Vatican, c'est la nouvelle et religieuse grandeur de Rome actuelle, comme le capitole représentait la grandeur belliqueuse et triomphante de l'ancienne Rome.

Maintenant, et tandis que nous en sommes aux tableaux, qu'on nous permette, sans transition, sans indication de local, de parler de ceux qu'il est impossible d'oublier, de ces toiles dont la scène vous frappe comme une réalité, qui prennent place dans votre vie avec les situations personnelles dont vous gardez le souvenir.

Le Jugement dernier, de Michel-Ange, est l'une de ces œuvres dont la mémoire est durable. Nous n'avons pas encore à apprécier cette fresque magnifique qui nous occupera plus tard. Desbrosses, qui était homme d'esprit et grand amateur de belle peinture, appelle cette composition : — « Une pièce à grand fracas, qui étonne plus qu'elle ne plaît. » — Il dit ailleurs que Michel-Ange montra dans ce sujet une grande furie de dessin et d'anatomie. — « C'était, ajoute-t-il, un terrible, mais mauvais dessinateur. » — Le jugement est sévère, mais, à part l'admiration convenue, qui n'a pas un peu partagé cette manière de voir?

Deux Dépositions de Croix, l'une de Raphaël, l'autre de Garofolo, méritent de fixer l'attention. On sait ce qu'est le tableau de Raphaël, et que de fois il a été analysé, loué, copié; eh bien! celui de Garofolo est à peu près l'égal de ce chef-d'œuvre. La Vierge entourée des quatre Docteurs, l'Amour sacré et l'Amour profane, du Titien, que le président Desbrosses ou son ami, le comte ***-Destourmel, nous ne savons plus lequel, avouait avoir eu la tentation de voler; la Fornarina, de Raphaël; la Danaë, du Corrége; la Sibylle de Cumes, du Dominiquin; la Vanité et la Modestie, de Léonard de Vinci; la Lucrèce, de Cagnaci; saint Luc peignant la Sainte-Vierge, de Raphaël; un Ecce Homo, du Guerchin; la Mise au Tombeau, de Van-Dick; les Batailles, de Salvator Rosa; la Vie de Soldat, de Callot; les Paysages historiques, du Poussin, etc. Telles sont les pages les plus remarquables contenues dans les galeries des palais Doria, Corsini, Borghèse, Farnèse,

Barberini, Chigi, Spada, etc.; et celles-là on ne saurait les étudier trop longtemps ni se lasser de les revoir.

La **Censi**, du Guide, excite souvent la curiosité des Anglais; ils viennent étudier la physionomie de Béatrix Cenci, pour chercher à deviner si cette jeune fille fut, en effet, une Lucrèce parricide. Les uns la plaignent, les autres l'excusent, tous généralement se révoltent contre la cruauté de Clément VIII, faisant décapiter la femme et la fille pendant qu'on assommait le frère à coups de massue. Il faut dire qu'après trois siècles écoulés, ce n'est pas chose facile de se constituer juge équitable; la prévention religieuse des Anglais motive trop souvent leur appréciation, et, avant de se prononcer, ils devraient consulter un ancien manuscrit de la bibliothèque Saint-Augustin, où se trouvent les documents renfermés dans les archives des Publicola Santa Croce, descendants, mais non héritiers des Censi, dont les biens furent confisqués par ceux qui les condamnèrent.

Quelques mots sur les statues les plus curieuses à examiner parmi toutes celles qui ornent le palais et les églises.

Moïse, de Michel-Ange, est une œuvre colossale en marbre blanc sur le tombeau de Jules II, dans Saint-Pierre in Vincoli, la principale création de cet artiste, grand par la pensée, puissant par la forme. Ce Moïse a inspiré bien des sonnets à la fécondité italienne. Tous les cicerone savent par cœur celui d'Alfieri et celui de Zappi. Nous qui cherchons le vrai, sans tenir compte de la renommée, nous recommandons le sonnet de Zappi, qui commence ainsi :

Chi è costui che in si granda pietra-scolto, etc.

Ce n'est pas tout un poëme, comme aurait dit Boileau, mais enfin c'est une nouvelle preuve de la médiocrité relative de cet Alfieri que les Italiens trouvent sublimes.

Nous avons mentionné déjà le Laocoon et l'Apollon, tous les touristes connaissent les Vénus, et beaucoup d'entre eux ont visité les antiquités précieuses du palais Barberini, les dieux égyptiens en basalte, la Vénus à la pomme, l'Erato, l'Agrippine en marbre grec, le Sévère en bronze, etc. Le Faune dormant, si vanté par les anciens voyageurs, a été transporté à Munich.

Le Gladiateur mourant, l'Antinoüs, la Vénus sortant du bain, les bustes de Caracalla, de Domitien, de Néron, de Julien, de Marc-Aurèle, de César, de Cicéron, de ce Cicéron mélange de crainte, de timidité et de jactance, se prenant à regretter, non sans effroi cependant, les restes de ces orages civils qui jadis couvrirent d'écume sa pourpre consulaire, sont également connus.

Un autre buste d'Aristote attire encore l'attention ; il est plein d'une expression vivement rendue de force et d'intelligence. Ne serait-ce pas plutôt celui d'Aristide ? dit quelque part M. Valéri, le vainqueur de Marathon, de Platée, et de Salamines, devant offrir plus de mouvement au sculpteur que celui du Prince des Philophes.

Le sièle des Médicis dont Léon X fut le grand promoteur, et dont le buste apoplectique justifie ses ennemis accusés de l'avoir empoisonné ; ce grand siècle de la renaissance des arts en Italie fut bien plus fécond en peintres illustres qu'en sculpteurs habiles. Son mouvement dura environ deux siècles ; puis, lorsque les grands modèlés, le développement des connaissances humaines, auraient dû perpétuer et grandir le génie des arts, ce génie s'éteignit ; il émigra et se transmit à des nations moins heureusement douées sous ce rapport, privées également de toutes les sources où pouvaient se puiser l'inspiration et l'étude. A quoi attribuer cette décadence ? N'est-ce pas le résultat du triomphe, du perfectionnement de la matière? Cette question nous mènerait trop loin pour entreprendre ici de la résoudre.

Toujours est-il que, depuis deux siècles, l'Italie a perdu le rang qu'elle occupait dans le domaine des arts. Pour la ramener à l'appréciation des chefs-d'œuvre qu'elle possédait, pour retremper son goût forcé par les Bernin, les Maderne et quelques autres, il a fallu que l'étranger vînt refaire son éducation, où puisant aux sources du vrai et de la nature, Angelica Kauffmann, une femme, Mengs, un Allemand, devaient rallumer le flambeau destiné à éclairer les trésors des siècles passés. Camucini, Serguel, Canova, Thorwaldsen, etc., firent briller des étincelles de ce feu éteint ; Sigalon, Henri Regnault, un certain nombre d'artistes français, y puisèrent, de nos jours, une source de flammes. Mais, hélas! presque tous étaient étrangers ; leurs succès ne constatèrent que la mort définitive d'une École impuissante désormais à rien créer.

Donnons quelques lignes à ceux des noms que nous venons de citer qui ont fixé l'attention publique.

Canova les domine tous ; ce n'est pas de l'art grec, mais c'est bien certainement un art élégant, gracieux, appartenant à notre temps, mais inspiré par les chefs-d'œuvre de ses devanciers. Le Persée est une imitation par trop sensible de l'Apollon ; ses deux Pugilistes ont du mouvement et de l'étude. On dit que l'artiste s'est inspiré d'un fait raconté par Pausanias, et que ces deux athlètes sont Creugas et Damoxenus. Nous sommes plus disposés à penser que Canova, oubliant l'historien grec, s'est inspiré de la nature.

Canova, le *marchesi* Canova, comme il désirait être appelé, a énormément produit. De son ciseau est sorti une famille entière de Vénus : la Vénus de Florence, celle de Rome qui est couchée, et encore une autre pour l'Angleterre ; tandis que sa Madeleine accroupie est à Paris.

Il en est encore une autre dont la réputation fut immense, et qui eut la princesse Paolina pour modèle. Le prince Borghèse ne la laisse plus voir; il aurait dû s'y prendre plus tôt. On raconte, à ce sujet, qu'une des amies de la princesse, s'étonnant qu'elle eût consenti à poser devant l'artiste, en obtint cette réponse qui est bien italienne : — « Que voulez-vous ? la saison était si douce, et il faisait si chaud, soupira-t-elle, en jetant les yeux sur une grande glace qui lui renvoyait son image.

Sigalon, dont la carrière fut si courte, était appelé à devenir une des gloires de l'Ecole française. Durant son séjour à Rome, il s'était imposé la grande tâche de faire une copie du jugement universel. C'était certainement une entreprise dont un peintre d'un rare courage pouvait seul se charger. Quand on a vu la fresque de Michel-Ange avec des yeux d'artiste, on est effrayé de l'immense responsabilité qu'assume son copiste; la traduction de Dante ou de Milton, avec tout leur génie, est, en comparaison, œuvre aisée en littérature. Sans fortune, Sigalon se condamna à toutes les privations qu'entraîne une dépense énorme de matériel, afin d'arriver à obtenir une excellente reproduction de ce travail que la France ne connaît que par la gravure. Il y épuisa ses forces, luttant jusqu'à la fin contre les privations et les obstacles de toute espèce. Son courage fut vaincu dans une lutte dont il n'avait mesuré l'étendue, une attaque de choléra vint arrêter son laborieux travail. Comme Raphaël pour la Transfiguration, il ne lui fut pas donné de terminer son œuvre.

Henri Regnault eut une destinée toute différente, mais non moins malheureuse.

L'Italie n'avait pas ses sympathies. Lorsqu'il fut envoyé à Rome en 1866, après avoir remporté le grand prix pour lequel il avait échoué deux fois, Regnault ne trouvait que dédain pour les grands modèles qu'il aurait dû étudier. Il n'y resta qu'un an, se livrant à la fougue de son caractère, montant à cheval, courant dans les montagnes, bravant les nuits mortelles et les brigands qu'on lui signalait. En 1867, l'artiste revient à Paris pour la grande Exposition, puis il retourne à Rome, d'où il envoie enfin une grande toile, l'Automédon, qui est maintenant en Amérique ; ensuite, la Judith, aujourd'hui à Marseille. Tout à coup, il serre couleurs et pinceaux dans sa botte, et le voilà parti pour l'Espagne, qui lui inspire des tableaux d'un mérite fort inégal : l'Exécution à Tanger, et le Portrait de Primm. Cette dernière œuvre, fort contestable, fut refusée d'ailleurs par ce triste héros des dissensions civiles. Quand le portrait se trouva terminé, Primm vint le voir dans l'atelier de l'artiste ; il observa qu'il n'avait pas de chapeau. — « Quoi ! pas de chapeau ! dit-il, je n'ai pourtant pas l'habitude de saluer toujours la canaille. » — Et il sortit sans féliciter Henri Regnault, ni le remercier autrement de son travail.

Henri Regnault tomba, frappé d'une balle dans le front, sous les murs du parc de Buzenval ; un ambulancier le ramassa, le corps déjà froid, la tête couverte de feuilles. Il était la victime d'un enthousiasme stérile qui ne fut, pour le plus grand nombre, que l'effet de l'ivresse ou l'apparence d'un courage se dépensant en manifestations et en cris.

La Salomé est la meilleure chose que cet artiste ait laissée. L'œuvre est cependant loin d'être sans défaut ; nous n'aimons pas, pour notre part, cette Salomé qui n'a rien de la femme, et nous trouvons qu'en général les Parisiens ont témoigné, lors de la vente des œuvres de l'artiste, un engouement qui prouve plus de patriotisme que de discernement.

Rome est un grand atelier de copies qui se vendent généralement comme des originaux lorsqu'ils ont été suffisamment vieillis, noircis, craquelés, ce à quoi il est des gens fort habiles. Les Anglais le sont moins, malgré leurs prétentions de connaisseurs, quand ils paient un haut prix ce qu'on leur fait passer pour un double de tableau célèbre fait dans l'atelier du maître et sous sa direction. Les peintres allemands, qui sont nombreux à Rome, se livrent, pour la plupart, au fructueux métier de copistes. Le roi de Prusse a fondé dans cette ville une Ecole de peinture dont les élèves ne jurent que par Albert Durer ; ils préfèrent Pérugin à Raphaël ; les figures de leurs tableaux se détachent sur un fond d'or, le patriotisme leur ferme les yeux ; ils donnent ainsi la preuve que ce sentiment s'allie fort bien avec des goûts un peu barbares.

La grande prétention de cette Ecole, c'est d'être dans le vrai ; ces sectaires de la peinture roide, froide, aux contours arrêtés, ont la présomption de croire que le temps viendra où ils feront une révolution dans les arts. En attendant, ils se posent en messies de cette future régénération ; ils affectent une tournure moyen-âge, le cou nu, la barbe longue. Les Italiens ne savent que penser de ces héros de mélodrame ; on dirait que le flegme allemand les fatigue. Les universités nous donnent d'ailleurs l'exemple d'insanités semblables que les autres peuples ont peine à concevoir.

Entre la peinture allemande et la mosaïque, il existe un certain rapport. On peut même ajouter que la mosaïque a probablement précédé de beaucoup la peinture. Les moyens de coloration se trouvaient sous la main, il suffisait de les réunir. Cimabue ou plutôt Gualtieri, Giotto qui reproduisait les brebis qu'il gardait avec des pierres, viennent à l'appui de cette assertion. On voit encore dans la rotonde antique de Dijon un petit échantillon de la mosaïque assez grossière formée par de petits cailloux diversement colorés. Celles de Saint-Marc, à Venise, sont en fragments de verre ; elles sont l'ouvrage de Grecs que les Italiens appelèrent parmi eux pour reproduire ce genre de travail indestructible.

Vers la fin du XVIIIe siècle, la pensée vint à Rome de remplacer les tableaux des autels de Saint-Pierre, que l'humidité avait presque entièrement perdus, par la mosaïque en verre. Pour les grands ouvrages, en s'abstenant de polir la surface qui les rend difficiles à bien juger, on obtient une copie satisfaisante, à l'abri des nombreuses causes de destruction. La Communion de saint Jérôme, du Dominiquin; la Pétronille, du Guerchin; le Saint Pierre marchant sur les eaux, de Lanfranc, ont été ainsi reproduits. Il est à regretter qu'une foule de tableaux des grands maîtres, que le temps menace de faire disparaître, ne soient pas légués à la postérité par cet atelier d'artistes qui du moins fourniraient à nos successeurs l'appréciation du génie qui anima durant deux siècles la grande école italienne.

Pour nous, que la vue de tant de chefs-d'œuvre a si souvent impressionné, il nous serait difficile d'exprimer le sentiment de mélancolie qui s'est constamment mêlé à l'admiration qu'ils nous ont fait éprouver. Rome moderne n'est plus qu'une ruine, mais Rome conserve, avec les restes de son ancienne grandeur, des trésors sortis de sa renaissance. Malheureusement ceux-ci, d'une nature encore plus fragile que ceux légués par les Césars, devront s'anéantir dans un temps trop limité. Par la détérioration qu'ils ont déjà subie depuis l'époque de leur création, il est facile de calculer celle de leur existence future. Combien de causes d'ailleurs peuvent hâter un désastre qui intéresse le monde entier! Le plus imminent devra sortir de la dispersion hors de Rome que l'unité du royaume italien entraînera probablement. L'œuvre d'autonomie, un instant constituée, peut se rompre en jetant la nation dans des luttes civiles désastreuses pour la conservation et le progrès des arts. Avec l'absence d'artistes supérieurs, comment perpétuer ces monuments du génie des grands siècles? Que deviendra Rome, lorsque privée de cette sainte et féconde tutelle des successeurs de saint Pierre, les étrangers ne trouveront plus dans son enceinte le principe qui maintenait le niveau de leurs productions? Évidemment une nation en travail de constitution ne saurait consacrer son génie à d'autre gloire que celle des armes. Les sciences ont nécessairement une marche progressive, tandis que la littérature et les arts, luxe d'un peuple dont les destinées sont arriérées, ne peuvent atteindre leur suprême grandeur que par l'impulsion d'hommes supérieurs dont la stabilité est la base. Nous laissons de côté beaucoup d'autres considérations non moins graves, mais toutes aussi affligeantes; elles se résument par cette triste prévision de la décadence d'une nation qui fut le berceau des races latines, et qui servit de promoteur à toutes les gloires de l'esprit humain.

CHAPITRE XII

Les environs de Rome. — Le Latium. — Albano, Nettunio, Horace Vernet. — Excursion aventureuse. Les Brigands et M. Legouvé. — Singulier moyen de sortir d'embarras. — L'Ogre et sa tannière.

Les touristes qui de toutes les parties du monde viennent visiter Rome, se contentent pour la plupart de s'occuper des monuments et des œuvres d'art bien connus, mentionnés dans les Guides du voyageur ou expliqués par les *ciceroni*, un très-petit nombre sortent de son enceinte. Les environs si riches en sites pittoresques, en souvenirs historiques, si curieux comme étude de mœurs et de physionomies leur restent étrangers, il faut pour aller à leur recherche, braver la fatigue, quelques dangers, les puces, surtout les puces, ces insatiables ennemis constamment altérés du sang des voyageurs.

Mais Rome compte toujours un certain nombre de voyageurs que rien n'arrête ; de ce nombre sont les artistes, surtout les paysagistes qui sont les explorateurs infatigables des rochers, des cascades, des ruines, qu'ils dessinent ou qu'ils peignent ; entreprenants, hardis, excentriques, portant comme Bias, l'un des sept sages de la Grèce, tout leur avenir dans leur boîte à couleur, armés seulement de leur bâton ferré, rarement d'un révolver.

C'est à l'une de ces excursions dont nous faisons partie, que nous venons inviter le lecteur.

Eugène Lepoitevin, Lanoüe, Ed. Bertin, le successeur historique du Poussin et quelques autres, dont un Allemand, se réunirent un soir au café Gréco, pour s'entendre sur l'itinéraire des localités qu'ils voulaient visiter. Il fut décidé qu'on partirait le lendemain assez matin pour braver la chaleur, et qu'attendu les contrées inconnues et sauvages qu'il était question d'explorer, on emporterait des vivres.

Le lendemain, en effet, aux premiers rayons de l'aube, on était au rendez-vous. De Rome à Albano les choses marchèrent bien, les voyageurs aussi. Il était à peine dix heures du matin, quand nous y arrivâmes. Quelques-uns, il est vrai, avaient déjà chaud et se plaignaient de la soif ; les malheureux oubliaient qu'ils étaient loin de Rocca di Papa, du fournisseur de glaces à Rome, *l'apalta-*

ore della neva, et qu'ils ne possédaient que des liquides à l'état d'ébullition.

Mais ici devait commencer la longue série de nos infortunes. Nous voulions faire des études dans la forêt de Nettuno, découverte par Horace Vernet dans ses chasses endiablées, et dont il avait donné au Salon de 1831 deux curieux paysages. Or Nettuno était encore à trente kilomètres de distance, et c'est quelque chose pour des jambes qui en ont déjà franchi vingt le même jour. Il fallut se mettre en quête d'auxiliaires. Hélas ! les chevaux se trouvaient tous retenus par les dames romaines, qui viennent passer les jours de chaleur à Albano ; les guides faisaient également défaut, nous ne parvînmes à rencontrer que quelques ânes en nombre insuffisant et un brave homme en culottes courtes, gros bas de laine bleue, bonnet de laine gris, chemise douteuse que le chef des ânes nous donna pour un *uomo capace*, en réalité le plus grand imbécile de l'Italie.

Le départ fut pittoresque, un ou deux d'entre nous possédaient de longues jambes ; elles auraient pu convertir la monture en vélocipède ; notre Allemand, gros, gras, blond, représentait assez bien Sancho ; le Poitevin, par son costume bizarre, son bidon brillant au soleil comme une cuirasse, son long bâton ferré en forme de lance, jouait au don Quichotte, mais le plus triomphant de tous, marchant à notre tête, était l'ânier, l'*uomo capace*, l'homme capable, qui devait nous servir de guide.

En sa qualité de chef, dont nous fournissions le traitement à raison de trois paoli, environ trente sous par jour, il s'était arrogé de choisir la plus forte monture que nous avions ; il est vrai, chargée de la plus grande partie de notre bagage, mais dont l'arrangement fut laissé à sa disposition. Le drôle montra du moins ici l'instinct de soigner sa gracieuse personne, il fit une montagne de nos effets, couronna l'édifice du sac, contenant notre viande, notre pain, notre fromage, enjamba le tout, et se mit à trotter, amortissant ainsi nos vivres par un contact qu'aucun de nous n'eût pensé à mettre en pratique.

On rit, on se fâcha, on voulut détrôner l'*uomo capace*, puis on songea qu'il était un peu tard. En résumé, on se promit bien de lui faire manger les parties trop faisandées, et on s'engagea vivement sur la route de Nettuno. — Combien d'heures pour arriver à la forêt, demandâmes-nous à l'ânier ? — Six heures, Excellence.

Rien de plus triste que cette campagne romaine; de longues plaines unies, rouges, brûlées, çà et là un débris d'aqueduc, un pin parasol, dans le fond quelques ondoyantes collines d'un bleu d'azur. Aux environs d'Albano des coteaux et des vignes, le village étalé dans un amphithéâtre de verdure. Bientôt il fallut quitter la route, entrer dans le *machi*, machi qui vient de *machia*, en italien broussailles, aussi ne manquaient-elles pas. C'est alors une excursion sur un sol sablonneux, mouvant, parsemé de maigres buissons rabougris, un horizon sans fin, sans un arbre, une maison

qui fixe le regard. De bruyante la scène était passée au lugubre, les décors déteignaient sur les acteurs. Nos malheureuses montures, la tête basse, marchaient lentement, soulevant cependant un sable brûlant, qui nous entrait dans les yeux, desséchait notre gosier. Les minutes nous semblaient des heures, les heures ajoutaient l'impatience à notre supplice. Longtemps force nous fut de cheminer ainsi. Vers le soir seulement, nous aperçûmes de loin quelques groupes d'arbres, qui nous donnèrent un rayon d'espoir.
— Voilà la forêt, dit notre guide, nous y serons dans une heure. On reprend courage et on marche encore.

Cependant l'heure se passe, rien; une autre lui succède; on arrive dans un bois peu pittoresque; la nuit commence, le guide prend un sentier à gauche, un autre à droite, parvient à un carrefour, et finit par déclarer qu'il a perdu le chemin. Insurrection générale, interpellations violentes, menaces, cris, récriminations peu flatteuses. Plusieurs d'entre nous commencent à penser que nous avons été conduits dans un guet-à-pens. On sait que du paysan romain au brigand, il n'y a de différence que l'occasion et l'escopette. Lepoitevin saute à bas de son âne, s'élance sur le guide, en brandissant sa lance, je veux dire son bâton ferré : *Si tu non retrové la via, ti dâro un, ti dâro... une volée di colpi di bastone!...* s'écrie-t-il, et tout le monde de rire, en entendant l'italien francisé de notre excellent artiste, plus fort comme peintre que comme polyglotte.

Une historiette en passant sur ces brigands de circonstances, laquelle pourra servir d'excuse aux craintes qu'il nous était permis d'éprouver. Nous la tenons de M. Legouvé.

Dans une excursion au golfe de la Sybille, M. Legouvé prit pour guide un Italien, dont il fait le portrait suivant : — C'était un petit homme, la bouche fendue comme un requin, un sourire singulièrement ironique, le nez bossu, un œil brun, l'autre bleu, le regard éteint et voilé, un crâne chauve, un front fuyant, tel était l'homme.

En allant à la grotte, je lui dis : — Hé bien ! est ce vrai ce qu'on m'a appris, que vous l'aviez échappé belle, et que la mort et vous, vous aviez déjà fait connaissance ?

— Ah! on vous a dit cela, Excellence.

— Oui, vous avez même été condamné ; voulez-vous me dire pourquoi ? Est ce vrai ?

— C'était vrai.

— Oh ! oh ! et comment cela ?

— Oui ; j'avais tué six hommes.

— Six hommes ! m'écriai-je, en faisant un pas en arrière.

— Oui, Excellence, et, à ma place, vous en eussiez fait autant.

— Ceci est un peu fort !

— Écoutez et jugez. J'avais quinze ans, pas bien robuste, ni bien grand, ainsi que vous pouvez le voir ; j'allais aux champs avec mon vieux père, cueillir du maïs ; mon père avait pour grand ennemi un voisin, nommé Jacomo ; nous le rencontrons ; il se jette sur mon père, le frappe d'une hache sur la tête ; le sang coule ; éperdu, je cours à la case, je prends un fusil et je tue Jacomo. N'en auriez-vous pas fait autant, Excellence ?

— Sans doute.

— Jacomo tué, je m'enfuis ; les soldats me poursuivent, me cernent dans une maison où je m'étais réfugié, je saute par la fenêtre, je tombe sur un sbire, qui avait le sabre au poing, je le tue. — N'en auriez-vous pas fait autant, Excellence ?

— Peut-être.

— La nuit, je reviens au village, pour embrasser ma mère, je la trouve morte ; les parents de Jacomo l'avaient assassinée pour se venger. Je cours dans la chaumière de Jacomo, je tue son fils. N'en auriez-vous pas fait autant, Excellence ?

— Hem ! la vengeance était violente.

— Chassé de montagne en montagne, il fallait défendre constamment ma vie ; j'étais sur le point de me marier. Les parents, à cause de mes malheurs, me refusent ma future, elle veut me suivre, ils s'y opposent, ils la frappent, je la défends, et j'en tue... N'auriez-vous pas agi comme moi, Excellence ?

— Sans doute... et ce diable d'homme, avec ses — n'en auriez-vous pas fait autant, m'allait faire avouer que ses six meurtres étaient la chose la plus pardonnabbe du monde, quand heureusement nous arrivâmes à la grotte.

Si la vengeance est le grand principe du brigandage italien, le vol n'en est pas moins la cause... Mais revenons à notre malencontreuse excursion.

La nuit était tout-à-fait revenue... Que faire ? On attache les montures, on se réunit, on délibère ; les avis les plus divers, j'ose dire les plus extravagants sont émis : l'un veut attacher le guide à un tronc d'arbre, pour lui faire avouer par la terreur et les supplices ses affreux desseins ; un autre propose de mettre le feu à la forêt pour éclaircir la scène ; un troisième, plus calme, pense que mieux est de bivouaquer sur la place, de nous occuper de notre souper et d'attendre le jour. Cet avis, de même que les conseils raisonnables, rallie peu d'adhésions. Alors ce nouveau Mentor demande qu'il soit sursis à toute décision, jusqu'à ce qu'on ait poussé une reconnaissance, il s'offre de marcher en enfant perdu à la découverte, et fait comprendre que le meilleur parti est de ne pas se diviser, il demande une heure durant laquelle on se reposera ; on hésite encore, mais l'Allemand est déjà assis, il allume sa pipe, on suit son exemple.

Notre éclaireur est parti ; il est leste, agile, brave, mais rusé comme un sauvage ; une demi-heure s'écoule, tout à coup on entend des cris lointains, on écoute, cela ressemble à un appel ; il semble reconnaître la voix de notre camarade. Serait-il tombé dans un piége? Est-il attaqué par des bandits? Tout le monde est debout; on s'arme du bâton ferré, on court; dans cet entraînement, tout le monde oublie le guide. Les cris continuent, ils indiquent la direction à suivre; en peu d'instants nous arrivons auprès de notre jeune confrère que nous trouvons étendu sur la terre, luttant avec un animal que nous prenons pour un loup et que nous nous disposons à immoler à notre fureur... — Ne le tuez pas, ne le tuez pas! s'écrie l'artiste, j'ai eu bien de la peine à le prendre, c'est un chien, il va nous donner notre souper.

A ces singulières paroles, chacun le croit fou; le peintre ne s'en émeut pas: — Qui a une corde? s'écria-t-il! donnez-moi une corde, une forte ficelle; vos ceintures, si vous n'avez que cela, et vous allez voir. On ne comprend pas, mais on s'exécute; le chien est attaché par le milieu du corps, l'homme coupe une baguette, prend en main le bout de la corde, frappe le chien, qui pousse un cri et détale, tandis que son vainqueur se met à courir à sa suite, en nous criant: — Il trouvera son gîte, et pour nous un souper et un lit.

Grande confusion parmi nous, suivie d'une admiration qui se résume en une course effrénée sur les traces de notre éclaireur. L'Allemand, qui cherche à comprendre, reste avec les bagages, et n'a plus pour se guider que des aboiements qui s'éloignent, et l'énorme fourneau de sa pipe devant lui servir de phare.

Heureusement pour nous, le carrefour où nous avions fait halte se trouvait sur la lisière de la forêt ; second bonheur, Nettuno n'était pas loin, et, compensation de la fortune à nos misères, le chien appartenait à un aubergiste de l'endroit. Notre entrée au pas de course dans la salle de l'auberge causa un tumulte effroyable ; une demi douzaine de mariniers, qui buvaient à une longue table, se dressèrent en s'exclamant ; le maître du chien qui reconnut sa bête se leva avec fureur ; un instant nous en fûmes à penser que nous tombions à un dénoûment tragique, et que, perdus dans la forêt, nous venions de tomber dans la maison de l'ogre.

Le patron della casa était un grand homme sec et maigre, au chapeau pointu, à la veste brune à boutons noirs, à la culotte autrefois verte, dont les yeux cachés sous les paupières ne laissaient apercevoir que le blanc injecté de sang. Il ne se découvrit pas à notre approche, nous toisa des pieds à la tête, détacha son chien en coupant la corde d'un coup sec, et croisa les bras en nous regardant, comme aurait pu le faire un empereur romain.

Lepoitevin, qui aimait à faire briller son italien, commença une explication.

— Vous ! des voyageurs ! dit l'hôte, allons donc ! Des bandits, des gitanos, traiter ainsi un chien, le meilleur chien de chasse de la contrée... Allons ! hors d'ici, et vite, mes farceurs.

Nous n'étions pas disposés à nous laisser traiter ainsi, mais l'aspect sinistre d'une quinzaine de gaillards à physionomie bronzée, au regard menaçant, qui nous entouraient, nous ordonnaient la prudence. Lepoitevin, très-résolu, mais très-intelligent, le comprit. Il frappa un énorme coup de poing sur la table. Ce fut son exorde, il raconta notre mésaventure, loua l'intelligence rare de l'animal, qui amenait à grande course des pratiques à son maître, parla du besoin que nous avions d'un bon souper que nous payerions largement, et finit par dire que nous étions de grands peintres qui travaillions au Vatican. Ce qui était vrai du moins pour cette dernière assertion, puisque l'un de nous y faisait en ce moment une copie.

O puissance de l'éloquence et de l'art, de la synthèse et des grands hommes qui, par la peinture, ont popularisé leur nom en Italie ! Le discours d'Eugène Lepoitevin calma l'orage. — Des peintres ! ce sont des peintres, dirent tous ces hommes grossiers et probablement compromis avec la justice; cela expliquait tout, ils allèrent se rasseoir, l'hôte fronçait toujours le sourcil, et, les bras croisés, continuait à se montrer peu accueillant.

— D'où venez-vous, interrogea-t-il d'une voix sombre ?

— De Rome.

— Et que venez-vous faire ici ?

— Peindre.

Il sembla réfléchir. — Connaissez-vous M. Vernet, demanda-t-il ?

— Certainement, c'est lui qui nous envoie.

— Ah !...

Il réfléchit. — Allez chercher une permission du gouverneur.

Lepoitevin tire je ne sais quelle paperasse de sa poche, l'ouvre, la met sous les yeux sans la lâcher. — La voilà, dit-il, et, jetant sur la table une dizaine de baïoques : — Du vin en attendant, ajouta-t-il, et du meilleur.

Le ton impératif, la vue de l'argent, du papier, le nom d'Horace Vernet, décidèrent enfin notre homme, il tourne sur ses talons.
— Ah! c'est que j'en ai du bon, dit-il avec orgueil.

L'ogre était vaincu.

Il nous fut loisible alors de jeter les yeux sur la salle où nous nous trouvions... Quel intérieur !... Decamps, où étais-tu ?

Imaginez-vous une salle large de quarante pieds et longue de soixante, de plain-pied avec la rue, et dallée comme la rue; au fond et en face de la porte, une énorme cheminée où brillaient quelques tisons. A droite une grande table et cinq ou six petites, près desquelles étaient assis une quinzaine de naturels, pâles, mais gris, hâves, avec des yeux brillants et creux, un chapeau pointu sur la tête, une ceinture rouge autour des reins, et sur l'épaule gauche une petite guenille trouée, rapiécée, drapée en forme de manteau. Pour lumière, chaque table possédait une petite lampe en cuivre, sans verre, fumante et infecte. Ces hommes buvaient, accoudés, une sorte de vin blanc, enfermé dans des bouteilles de Monteflascone, ces bouteilles, d'un vert clair, au goulot étroit, au ventre arrondi et entortillées de paille. A gauche, était une sorte de comptoir, carapace d'une femme sale et laide comme une sorcière, laquelle vendait du fromage, du saucisson, et coupait, pour les acheteurs, des tranches d'un énorme jambon cru, pendu au plafond. Derrière ce comptoir, un petit fourneau où la marchande devenait cuisinière et faisait griller le jambon. On le voit, cette salle servait de cuisine, de salle à manger, elle servait encore de dortoir, car le long des murs, couchés sur des bancs, nos regards finirent par distinguer un certain nombre de dormeurs. Pour aller à l'écurie il n'y avait pas d'autre porte, et c'est par cette salle que passait les chevaux, les ânes, les poules ; et tout cela, bêtes et gens baillaient, hennissaient, parlaient, criaient, chantaient en même temps... Une véritable représentation pour nous de l'Arche, sans Noë, hélas ! et sans la colombe !...

Notre hôte revint cependant ; sa mine s'était radoucie, il nous pria de le suivre ; il traversa la place, une rue noire située à gauche et alla frapper à une petite porte ; une vieille femme vint ouvrir, et nous montâmes, en la suivant, à un second étage. Deux chambres blanchies à la chaux se touchaient, dans l'une il y avait une table et deux chaises, et dans l'autre deux lits, mais pas de chaises. L'hôte nous les montra avec un certain orgueil : — Vous pouvez vous coucher en toute sécurité, nous dit-il, les draps sont blancs, car il n'y a que cinq ou six personnes qui s'en sont servis, et elles étaient bien propres. Là-dessus il tira de ses poches deux bouteilles de vin paillées, les posa avec des vivres sur la table, en nous ajoutant qu'on viendrait nous servir à souper un peu plus tard.

On le voit, notre situation s'améliorait; nous étions sans lumières, mais la lune brillait d'un éclat argentin; nous ouvrîmes une espèce de porte vitrée qui donnait sur une terrasse couronnée d'une treille, la vue était splendide. La mer, hérissée de rochers, venait se briser sous nos pieds ; les flots brillaient de mille étoiles ; l'air tiède nous apportait une senteur salée qui n'était pas sans saveur. D'un commun accord, la table et les chaises furent transportées sur la terrasse, les verres se remplirent, et, ma foi! comme le vin se laissait boire, pour prendre patience, nous nous mîmes à exécuter un des chœurs admirables de Weber.

Tout entiers à notre musique, les accents de nos voix nous faisaient oublier ceux de notre estomac, quand un bruit imprévu suspendit nos accords et nous fit pencher sur la balustrade pour en chercher la cause. C'était des hommes et des bêtes qui arrivaient ; au même moment un âne se mit à braire, la porte de notre chambre s'ouvrit, et nous vîmes apparaître notre camarade allemand, suivi de l'hôte, porteur du souper. —C'est lui! ce sont eux! reprîmes-nous en chœur.

Le lendemain, dès le point du jour, nous étions installés dans la forêt de Nettuno, peignant avec ardeur ; deux jours se passèrent dans ces études; nous apprîmes que le local que nous occupions avait servi à Horace Vernet; personne ne doutait plus alors que nous ne fussions de grands peintres.

Si l'espace nous le permet, nous rendrons compte d'une autre excursion aux environs de Naples.

CHAPITRE XIII

ROME

ÉTABLISSEMENTS HOSPITALIERS APPARTENANT A LA FRANCE.

Pèlerins. — Groupe de la Pieta. — Saint-Louis. — Saint-Yves des Bretons. La purification des quatre nations. — Chapelle de Saint-Sauveur in thermis. — Saint-Nicolas des Lorrains. — Saint-Claude des Bourguignons. — Couvent de la Trinité. — Couvent de Saint-Denis au quatre fontaines. — Ecole gratuite ai monti. — Ecole française au palais Poli. — Œuvre française à Lorette. — Fondation Sisco. — Œuvre pie Wicar de Lille. — Fondation Saint-Jean de Latran. — Les auditeurs français de Rote. — Le cler national. — Administration.

Montaigne a dit de Rome : « C'est la seule ville commune et
» universelle; la ville métropolitaine de toutes les nations chré-
» tiennes ; l'Espaignol et le François chascun y est chez soi. »
Cette appréciation formulée par le grand écrivain, à son retour de
Rome, en 1581, est encore exacte au XIX° siècle.

Parmi les nombreuses institutions qui concourent à la splendeur religieuse de Rome, il en est une qui lui est particulière, et manifeste son caractère de ville métropolitaine des nations chrétienne ; ce sont ces églises nationales, confréries, hospices et cimetières appartenant à chacune des nations et provinces de la catholicité, destinées à pourvoir aux besoins tant spirituels que temporels des résidents, pèlerins et voyageurs de chaque nationalité. Son originalité se confond avec celle des premiers rapports entre le Saint-Siége et les nations au-delà des Alpes converties à la foi catholique. La dévotion du pèlerinage aux tombeaux des Saints Apôtres, prenant alors une extrême faveur en France et parmi les nations de la Germanie et des îles Britanniques, les souverains Pontifes et les Rois s'empressèrent, à l'envi, de la favoriser. Nous avons encore une constitution de Pépin-le-Bref, datée de 755, qui exempte de tous droits de péage et de gabelle, les pèlerins de ses états et même ceux d'Angleterre, qui passaient par la France, se rendant à Rome. Cette affluence de pèlerins était recueillie dans de vastes hospices élevés par la munificence des papes, des rois et des voyageurs opulents de chaque nation.

Ina, roi des Saxons occidentaux, érigeait, en 717, l'hospice des Anglo-Saxons, sur l'emplacement même occupé aujourd'hui par le grand hopital du Saint-Esprit *in saxia*. A l'époque du couronnement de Charlemagne, comme empereur d'Occident, par le pape Léon III, le 25 décembre de l'an 800, l'hospice des Français était situé près de la basilique de Saint-Pierre et de la porte appelée maintenant *Porta Cavallegierie;* à cet hospice étaient annexés un cimetière et une église appelée, dans les anciens titres, Saint-Sauveur *in ossibus*, à cause de la proximité du cimetière (1).

Elle était desservie par quinze chapelains vivant en communauté, chargés d'accueillir les pèlerins et même de les guider dans leurs pieuses visites aux principaux sanctuaires de la ville sainte. Une des chapelles de l'ancienne basilique Vaticane, dédiée à sainte Pétronille, fut fondée dès le viiie siècle, à la prière et à l'aide des libéralités de Pépin-le-Bref. Carloman, fils de Charlemagne, fut baptisé par le pape Adrien Ier, en 784, dans cette chapelle qui, jusqu'au xve siècle, est appelée *capella Regum francorum, Templum Galliæ regum,* et pour laquelle Michel Ange exécuta le célèbre groupe de la *Pieta*, qui décore actuellement la première chapelle à droite en entrant dans la basilique Vaticane.

Les fondations religieuses ou charitables d'autres nations telles que l'Angleterre, l'Allemagne, l'Espagne, le Portugal, les différents États qui composaient l'Italie, sans avoir la même importance, ni la même antiquité, que les établissements français, n'en ont pas moins subsisté jusqu'à nos jours, attestant le caractère universel et hospitalier de la ville pontificale.

Pour ne citer que les institutions françaises elles sont au nombre de seize, sans y comprendre l'académie des Beaux-Arts, à la

---

(1) Papyri diplomatici, n° LXXI. p. 105 et 245.

villa Médicis, fondée par Louis XIV, sous le ministère de Colbert. L'ensemble de ces institutions est connu sous le nom de *Pieux établissements français* à Rome :

1° Saint-Louis-des-Français, confrérie, paroisse et hopital.

De leur ancienne et primitive résidence de Saint-Sauveur *in ossibus*, les Français étaient passés, au XIVᵉ siècle, dans un local aujourd'hui occupé par les constructions de Saint-André *della Valle*. Ils s'établirent, en 1478, au lieu où existe actuellement leur église « avec le privilége, dit la bulle de Sixte IV, pour les Français de quelque condition et domicile qu'ils soient dans la ville de Rome, d'être les paroissiens de cette église, et d'y remplir leurs devoirs religieux. » A la même époque, un des membres de la confrérie nationale, Jacques Bugnet, archidiacre de Chartres, fit reconstruire à ses frais les bâtiments adjacents à l'église, afin d'y établir un hospice destiné à recevoir les pèlerins français. L'église elle-même fut reconstruite au commencement du XVIᵉ siècle. La première pierre en fut posée le 1ᵉʳ septembre 1518, avec un grand éclat par le cardinal Jules de Médicis, en présence de l'ambassadeur de France Denys Briçonet, depuis cardinal, et d'un nombreux concours de prélats et de personnages éminents, parmi lesquels Jacques de Chabannes de la Palisse. Les travaux interrompus par les troubles qui suivirent la mort de Léon X, et par les désordres amenés par le sac de Rome en 1527, furent repris grâce aux secours donnés par les rois Henri II et Henri III, à la concession faite par Catherine de Médicis, de maisons qu'elle possédait près de l'église, et aux libéralités du cardinal Cointerel du Mans.

L'église de Saint-Louis et sa belle façade, du dessin de Jacques della Porta, put enfin être achevée et consacrée le 8 octobre 1589, par le cardinal de Joyeuse, archevêque de Toulouse. Le cardinal Mathieu Cointerel donna à Saint-Louis les orgues, le grand tableau du maître autel, l'Assomption (de Bassan), la belle chapelle de Saint-Mathieu, ornée des tableaux du Caravage. Pierre Polet, de Noyon, fit peindre à ses frais, en 1610, la célèbre chapelle de Sainte-Cécile, par le Dominiquin.

Les principaux monuments funéraires qui se trouvent à Saint-Louis, sont ceux de : Claude de Guiche, ambassadeur de France, mort en 1556 ;

Le cardinal de la Bourdaisière, ambassadeur, mort en 1570 ;

Le cardinal Mathieu Cointerel, mort en 1590 ;

Le duc Annibal d'Estrée, ambassadeur, mort en 1687 ;

Charles Erard, premier directeur de l'Académie de France, mort en 1689;

Le cardinal de la Grange d'Arquien, père de la reine de Pologne, femme de Jean Sobieski, mort à 105 ans, mort en 1707 ;

Charles Parson, directeur de l'Académie de France, mort en 1725;

Nicolas Wleughels, son successeur, mort en 1737 ;

Le cardinal de Bernis, ambassadeur, mort en 1794,

J.-B. d'Argincourt, auteur de l'Histoire de l'art par les monuments, mort en 1814;

Pierre Guérin, directeur de l'Académie de France, mort en 1833 (1);

Le général de Pimodan, tué à Castelfidardo, en 1860, etc.

En 1788, Saint-Louis, enrichi par les dons pieux de trois siècles, offrait la situation la plus prospère; sa richesse mobilière en argenterie et vases sacrés montait à plus de 200,000 fr., et son revenu annuel à 12,000 écus romains (l'écu 5 fr. 35 cent.).

Mais le grand nombre d'émigrés français qui se trouvèrent à Rome, sans ressources pendant la terreur, et les guerres qui eurent l'Italie pour théâtre absorbèrent une partie de ces richesses. A la suite du traité de Tolentino, la seule sacristie de Saint-Louis envoya à la monnaie pontificale de l'argenterie pour un poids de 20,000 écus romains, afin de contribuer aux subsides que devaient payer l'état pontifical.

L'ancien hospice de Saint-Louis est devenu, de nos jours, le siége d'une communauté composée de douze chapelains français, sous la direction d'un supérieur, chargés d'acquitter les fondations de messes et de concourir aux cérémonies religieuses célébrées dans nos églises nationales.

2° Saint-Yves des Bretons. Longtemps avant sa réunion à la

---

(1) Notre ami et notre maître.

France, la Bretagne possédait à Rome un petit hospice pour les pèlerins.

Le cardinal Alain de Coëtivy, archevêque d'Avignon, obtint du pape Nicolas V la concession d'une ancienne église qui tombait en ruines. Anne de Bretagne contribua à cette reconstruction, et la confrérie de Saint-Yves continua de conserver son existence à part, malgré la réunion de la Bretagne à la France, jusqu'en 1582, où cet établissement fut annexé à l'église de Saint-Louis des Français, mais sans rien changer aux fondations, offices et obligations de l'église de Saint-Yves qui restèrent intactes. Le service religieux y est actuellement confié à un recteur, dépendant de la communauté de Saint-Louis.

3° La Purification des quatre nations (*ai banchi*), au xve siècle, des résidents appartenant à la France, la Bourgogne, la Lorraine et la Savoie, fondèrent une confrérie sous le titre de la Purification, qui prit le nom des *quatre nations* ou des Transalpins. Elle a subsisté jusqu'en 1798, et on voit encore dans l'église son blason, écartelé des armes de France, de Bourgogne, de Lorraine et de Savoie. Réunie depuis avec ses biens à l'ensemble des pieux établissements, cette église et la maison qui y attient ont été accordées, en 1867, à la congrégation des sœurs de Troyes, qui se livrent aux soins des malades, voyageurs français et étrangers.

4° Chapelle de Saint-Sauveur-in-Termis. — Elle occupe une des salles des anciens Termes d'Alexandre Sévère, dont lui vient son nom.

Un petit hôpital, dit de Saint-Jean-des-Lombards, y était anciennement annexé. Cette chapelle très-fréquentée par la dévotion des Romains est desservie depuis le xve siècle par le clergé de Saint-Louis-des-Français.

5° Saint-Nicolas-des-Lorrains. — En même temps qu'ils prenaient part à la fondation de la confrérie de la Purification, les Lorrains, résidant à Rome, établissaient un autre centre de réunion et de secours, sous le titre de Saint-Nicolas et de Sainte-Catherine, et en 1623 ils eurent leur église située près de la place Navone. Jusqu'en 1798, l'église de Saint-Nicolas-des-Lorrains fut régie par sa confrérie toujours composée de Lorrains de naissance ou d'extraction. Elle est desservie maintenant par un recteur nommé par l'administration des pieux établissements.

6° Saint-Claude-des-Bourguignons. — Dès la seconde moitié du xve siècle, les Francs-Comtois, de Bourgogne, attirés à Rome par leur dévotion et par leurs habituelles relations de banque et de commerce avec cette capitale du monde chrétien, y formèrent une colonie nombreuse, établie entre le Corso et la place d'Espagne, comme le souvenir s'en conserve par le nom de la *Via-Borgognoma* de ce quartier. C'est là même que cette colonie construisit en 1652, sous l'invocation des saints André et Claude, patrons de la Franche-Comté, grâce aux libéralités de plusieurs des membres de la confrérie et entre autres du chanoine Outhenin, de Besançon. Cette jolie église est l'œuvre d'un architecte français, Antoine Deriset, et elle est décorée de plusieurs bons tableaux, dont une résurrection de Troy, directeur de l'Académie de France au commencement du xviii° siècle. Très-prospère jusqu'en 1798, époque où, comme nos autres établissements nationaux, cette église eut à subir des profanations et la spoliation de son riche mobilier sacré, la confrérie des Francs-Comtois de Bourgogne est aujourd'hui réunie à l'ensemble des établissements français à Rome, et les offices y sont célébrés par un prêtre français.

7° Couvent de la Trinité au mont Pincio, fondé en 1493, par les religieux de l'ordre des Minimes, sous la protection de Charles XIII, qui conservait à saint François de Paule, fondateur de l'ordre, la même affection que Louis XI. Ce prince étant à Rome, en 1494, contribua par des sommes considérables à la construction du couvent et d'une chapelle en l'honneur de la sainte Trinité. Louis XII continua aussi largement les secours. En 1507, le couvent était terminé, et c'est là que se tint le premier chapitre général où fut nommé le successeur de saint François de Paule, décédé la même année au Plessis-les-Tours (1). Dévasté lors du sac de Rome, en 1527, le couvent des Minimes français reprit bientôt sa prospérité, grâce

(1) Voir *histoire de Louis XI et du Plessis-les-Tours*, publié par nous, 1 vol. in-8°, 1841.

aux libéralités des cardinaux de Gramont, du Bellay et Leveneur, etc.

Henri II, Charles IX et Henri III firent remettre des sommes importantes par leurs ambassadeurs, pour l'achèvement de l'église et de sa grande façade. En 1612, Marie de Médicis acheta la villa *del Pino*, voisine du couvent pour l'y annexer. Toute la suite du XVIIe siècle voit se multiplier les libéralités pieuses des fidèles français envers l'église de la Trinité.

Le superbe escalier qui relie la place d'Espagne à la Trinité-du-Mont est aussi une œuvre française. Les travaux en furent commencés en 1723, avec les sommes léguées par M. Gueffin, qui pendant plus de trente ans avait été secrétaire et chargé d'affaires de France à Rome ; le chiffre total des dépenses occasionées par cette construction s'éleva à 52,765 écus romains (282,300 fr.).

Les Minimes français furent dispersés par les troubles de 1798, et leurs biens-fonds non-aliénés, réunis alors aux autres établissements pieux nationaux. En 1728, le couvent de la Trinité-du-Mont, avec toutes ses dépendances, environ quatre hectares de terrain dans le plus beau quartier de Rome et revenus, fut concédé aux dames françaises du Sacré-Cœur, qui y dirigent depuis cette époque un pensionnat de jeunes élèves des premières familles de Rome, indépendamment d'une école nombreuse et gratuite de jeunes filles des familles pauvres des quartiers environnants.

8° Couvent de Saint-Denis au Quatre-Fontaines. En 1619, les

pères Trinitaires de Provence, de l'ordre de la Merci, achetèrent, pour en faire la résidence de leur procureur à Rome et l'hospice de leurs religieux, des terrains voisins du Quirinal où ils élevèrent une église sous le vocable de saint Denis, qu'ils occupèrent jusqu'à leur dispersion, en 1798. Depuis l'église et les bâtiments y attenant ont été cédés à une communauté de religieuses françaises pour l'éducation des jeunes personnes.

9° Ecole gratuite tenue par les frères français *(ai monti)*, appelés à Rome par Léon XII, pour l'éducation de la jeune population du quartier des Monts ; les frères français des écoles chrétiennes s'installèrent, en 1829, au nombre de quinze, près de Sainte-Marie-dei-Monti, au milieu de ce quartier si peuplé, où leurs élèves sont chaque année plus de 500. Le budget des pieux établissements concourt à l'existence de cette école au moyen d'une somme annuelle de 7 à 800 fr.

10° Ecole française au palais Poli. Cette école est spécialement destinée à l'éducation des enfants des familles françaises de la colonie, ou qui viennent passer l'hiver à Rome.

Cette institution date de 1849, et est due aux soins de M. de Rayneval, alors ambassadeur. Elle eut un si rapide succès qu'il fallut bientôt la transférer dans un plus vaste local, au palais Poli, près de la fontaine de Trévi.

Les élèves ne sont admis que sur une autorisation écrite de l'ambassadeur, afin de constater leur nationalité, car les sujets pontificaux ne peuvent être reçus à l'école. Le nombre des frères professeurs est actuellement de 17 et les élèves 100 à 200. Les frais supportés par la caisse des pieux établissements pour cette école s'élèvent à environ 7,500 fr.

11° Œuvre pie française, à Lorette. — Le cardinal François de Joyeuse laissa, par son testament du 22 août 1615, une somme de 18,000 livres tournois, pour être employée au sanctuaire de N.-D. de Lorette, en la marche d'Ancône, afin qu'il y soit entretenu trois chapelains français, chargés de célébrer deux messes chaque jour et de distribuer des secours aux pauvres pèlerins français visitant ce sanctuaire.

A quelques modifications près, survenues depuis cette époque, l'institution a subsisté jusqu'à nos jours, dans une situation assez prospère.

12° Fondation Sisco, de Bastia. — Le docteur Sisco, de Bastia, chirurgien du pape Pie VII, disposa, par son testament du 26 décembre 1829, que la plus grande partie de sa fortune serait affectée à la fondation perpétuelle, à Rome, de bourses de 180 écus romains par an, en faveur de jeunes étudiants en médecine, droit ou beaux arts de sa ville natale, qui seraient envoyés pour cinq ans à Rome, par le conseil municipal de Bastia, et placés sous la surveillance des députés administrateurs des pieux établissements français. Cette œuvre fonctionne avec succès, et les économies réalisées par l'administration ont permis d'élever le traitement des pensionnaires au chiffre de 240 écus par an. (1,284 fr.)

13° Œuvre pie Wicar, de Lille. — Une fondation de même genre, créée en 1834, par le chevalier Wicar, peintre de réputation en Italie, où il a passé la plus grande partie de sa vie, est destinée à entretenir à Rome, pendant quatre ans, avec une pension de 300 écus (1,605) par an, autant de jeunes peintres, sculpteurs ou architectes, natifs de Lille, et nommés par le conseil municipal, que le permettrait le revenu net de cette œuvre. L'administration en est confiée également aux députés des pieux établissements français.

14° Fondation royale en faveur du chapitre de Saint-Jean-de-Latran. — Louis XI, dont les efforts furent consacrés à fortifier l'unité monarchique de la France et à resserrer ses liens avec Rome, où déjà, en 1478, il avait agrandi la position de la nation française en favorisant le nouvel établissement de l'église de Saint-Louis, voulut encore, en 1482, témoigner de son attachement au Saint-Siège, en dotant le chapitre et la basilique de Saint-Jean-de-Latran, des revenus de divers biens et droits féodaux, situés en Périgord. Ces revenus ayant cessé d'être perçus à la fin du XVIe siècle, Henri IV fit don au chapitre de Saint-Jean-de-Latran de l'abbaye de Clarac, au diocèse d'Ajain, à condition que des revenus de cette abbaye il serait fait chaque année deux parts égales, l'une attribuée aux huit chanoines de Latran, désignés par le roi, l'autre répartie entre tous les membres du chapitre. Ces revenus, qui s'élevaient à 40,000 fr. restèrent, jusqu'en 1791, en la possession du chapitre de Latran. Dépossédés alors, les chanoines demeurèrent, jusqu'en 1825, privés de leur dotation française. Charles X leur rétablit, sur sa liste civile, une pension de 24,000 fr., en reconnaissance de laquelle le chapitre célébrait annuellement, en présence de l'ambassadeur de France, une messe solennelle, le 13 décembre, jour anniversaire de la naissance de Henri IV. Cette dotation cessa en 1830. Napoléon III la rétablit en 1863, et l'office solennel qui se célébrait pour l'anniversaire de la naissance d'Henri IV, se fit alors au 20 avril, anniversaire de la naissance de l'empereur.

15° Les auditeurs français de Rote à Rome. — Le tribunal de Rote remonte à une haute antiquité; pour l'assister dans l'exercice de son pouvoir judiciaire soit spirituel, soit temporel, le Pontife Romain s'entourait de conseillers, pris dans les diverses nations d'où arrivaient les causes soumises au Saint-Siège. D'abord, en nombre indéterminé, les conseillers *(oditores sacri Palatii apostolici)* furent, par Sixte IV, réduits à douze, dont huit italiens et quatre d'au-delà des Alpes, un français, un allemand, un du royaume de Castille et un du royaume d'Aragon. Les attributions de ce tribunal s'étendaient sur toutes les causes civiles ou canoniques déférées au Saint-Siège, y compris les questions de rits et les procédures de béatification et de canonisation. Aujourd'hui le tribunal de Rote n'exerce plus sa juridiction de cour souveraine que sur les causes civiles des sujets du Saint-Siège, sauf quelques cas extraordinaires de causes matrimoniales.

Depuis le premier auditeur français connu, Pierre de Colmieu, vers 1230, jusqu'à monseigneur Isoard, auditeur de Rote actuel, cinquante-trois prélats se sont succédés dans cette charge, parmi lesquels un grand nombre devinrent cardinaux ; quelques-uns des plus connus sont : le cardinal Lemoyne, vers 1282; le cardinal de Puységur, vers 1300 ; Le cardinal Roberty, de Limoges, vers 1330 ; 1344, Guillaume d'Aigrefeuille, cardinal ; 1476, Guillaume des Périers ; 1565, Séraphin-Olivier, cardinal; 1605, Denis de Marguemont, ensuite archevêque de Lyon ; 1681, Mathieu Ysoré d'Hervant, ensuite archevêque de Tours ; 1707, Melchior de Polignac, cardinal en 1712; 1735, François de Canillac ; 1804, Joachim d'Ysoard, cardinal en 1827 ; 1853, Louis Gaston de Ségur, devenu aveugle, chanoine de Saint-Denis ; 1856, Charles-Amable de la Tour-d'Auvergne, depuis archevêque de Bourges ; 1862, monseigneur Lavigerie ; 1864, monseigneur Place, actuellement évêque de Marseille.

16° Le Clerc national du Sacré-Collége pour la France. — L'origine de cette charge remonte à celle de la constitution même du Sacré-Collége des cardinaux. Les clercs ou secrétaires nationaux du Sacré-Collége sont au nombre de cinq : 1° le clerc national italien ; 2° le clerc national français ; 3° le clerc national espagnol ; 4° le clerc national allemand ; 5° le clerc national anglais.

Le premier est à la nomination directe du pape, les autres sont présentés par leurs gouvernements respectifs. Ils sont successivement de service au Consistoire et remplissent les fonctions de postulateurs du pallium des archevêques de leurs nations respectives. Le clerc national français jouit d'un traitement de 5,000 fr. sur les fonds du ministère des affaires étrangères.

Parmi toutes les fondations pieuses créées à Rome par des Français, il n'y en a qu'un certain nombre qui réclame une surveillance administrative à Rome même. L'académie de France de la villa-Médicis, la dotation de Saint-Jean-de-Latran, ont leur budget à part; d'autres, comme la Trinité-des-Monts et Saint-Denis-au-Quatre-Fontaines, cédés soit à perpétuité, soit par bail emphytéotique à des congrégations religieuses, n'exigent qu'une simple surveillance; les établissements dont les revenus et les immeubles respectifs demandent une administration réelle sont les suivants :

Saint-Louis-des-Français ; Saint-Sauveur-in-Thermis; La Purification-des-Quatre-Nations ; Saint-Yves-des-Bretons; Saint-Nicolas des-Lorrains; Saint-Claude-des-Bourguignons; L'École des frères au palais Poli ; L'École-Aï-Monti ; La Fondation-Sisco, Et la Fondation-Wicar.

Ces deux dernières fondations, toutefois, pourvues par leurs auteurs de revenus spéciaux, ont un budget distinct du budget général des pieux établissements

La loi fondamentale qui détermine l'organisation de l'administration des pieux établissements est un règlement concerté en 1845, entre l'ambassade de France et l'autorité spirituelle romaine. Aux termes de cet acte organique, l'ambassadeur de France à Rome, par représentation du gouvernement français, est l'administrateur souverain de nos établissements nationaux ; mais sous la responsabilité vis-à-vis du ministre des affaires étrangères. Il délègue les pouvoirs exécutifs à une *députation administrative*, composée du premier secrétaire de l'ambassade qui en est le président (1), et de deux membres français dont l'un doit être ecclésiastique. Pour placer les actes de la députation administrative sous une publicité et un contrôle nécessaires, elle adresse chaque année à l'ambassadeur un rapport lu devant une assemblée de douze Français choisis parmi les notables de la colonie nationale.

La députation expédie les affaires par le moyen d'un pesonnel qui compte : un caissier-percepteur, un avocat, un procureur, un architecte, un chef-comptable, trois employés adjoints à la comptabilité ou à la perception, et un agent à Lorette ; ce personnel reçoit en total, pour ses émoluments, la somme de 10,268 fr.

Le budget des pieux établissements, dans ces dernières années, accusait un total de recettes s'élevant à 25,000 écus romains environ, soit 134,600 fr., et un total de dépenses de 21,600 écus, ou 116,800 fr., c'est-à-dire un excédant de recettes de 17,800 fr., qui indique la prospérité de cette administration.

(1) M. René de Croy présidait cette réunion ces dernières années.

Le budget des recettes se décompose de la manière suivante :

Quarante-huit maisons, sises à Rome dans différents quartiers louées.	17,783 écus.
Biens ruraux, la plupart à Lorette.	452
Canons actifs, c'est-à dire le revenu des maisons cédées à emphytéose perpétuelle ou à terme.	1,605
Cens actifs, c'est-à-dire l'intérêt de capitaux placés sur hypothèque, l'achat d'un cens remplaçant le prêt à intérêt défendu par le droit canon..	1,055
Legs actifs.	12
Capitaux placés en consolidés-romains. . . .	2,734
Créances et recettes diverses.	1,412
	25,053

Les principaux chapitres du budget des dépenses sont les suivants :

Contributions foncières et des concessions d'eau..	1,517
Cens, canons et legs passifs.	607
Entretien des bâtiments.	1,463

Fondations pieuses.

Messes fondées..	1,613
Frais des sacristies.	1,698

Traitements ecclésiastiques. 4,882

Communauté de Saint-Louis. 1,749

Dépenses charitables.

Dots fondées et payées. 978

Les dots sont des libéralités une fois payées, variant de 7 à 70 écus, établies par les fondateurs, en faveur de jeunes filles pauvres, qui veulent soit se marier soit entrer en religion ; la plupart doivent être distribuées à des jeunes filles françaises, ou d'origine françaises à quelques degré que ce soit.

Secours mensuels distribués aux français pauvres résidant à Rome. . . . . 2,454 écus.

Secours extraordinaires n'ayant pas le même caractère de périodicité. 734

École française au palais Poli. 1,349

École-aï-Monti. 152

Frais d'administration.

Traitement des employés énumérés ci-dessus. . 2,542

21,635

L'excédant des recettes est employé, chaque année, soit à la restauration des maisons ou des églises, soit à l'augmentation des secours distribués, chapitre essentiellement variable suivant l'étendue des ressources annuelles.

Si on capitalise à 5 p. 100 le revenu *net* des pieux établissements, on obtient une valeur d'environ deux millions de francs, indépendamment des immeubles improductifs, tels que les six églises, de leur matériel et de quelques inestimables objets d'art qu'elles contiennent.

L'importance de ces possessions, le bien qu'elles permettent de faire, les avantages tant spirituels que temporels qu'en retirent nos compatriotes fixés à Rome, enfin l'influence qu'elles contribuent à assurer à la nationalité française dans la capitale de la catholicité, tous ces motifs qu'il serait trop long de développer ici, mais qui sont indiqués dans les lignes qui précèdent, sont suffisants pour démontrer l'intérêt qu'a la France à couvrir de sa protection et de sa sollicitude ces établissements séculaires, et le soin qu'elle doit apporter à les défendre contre les convoitises qu'ont suscitées les derniers événements révolutionnaires, dont la Ville Eternelle a été le théâtre.

CHAPITRE XIV

DE ROME A NAPLES

Les compagnons de route. — Le Véturino. — Velletri. — Cisterna. — Les marais Pontins.— Bocca di Fiume. — Terracine. — Les Brigands, anecdote. — Fondi. — Mola di Gaeta. — Sancta Agata. — Capoue. — Naples.

Pour parcourir la distance qui sépare Rome de Naples, plusieurs routes se présentent aux voyageurs, les amis avec lesquels nous devions accomplir ce parcours donnèrent la préférence à celle qui traverse les marais Pontins et Terracine ; l'ouverture du chemin de fer, qui s'est opérée en 1863, fera abandonner désormais cette direction.

Notre société de touriste se composait de six personnes, quatre Français, un Anglais et un Italien. Ce dernier parcourait souvent cette route, il pouvait nous être utile par ses connaissances locales, il n'était pas d'ailleurs trop hableur. Quant à l'Anglais, il offrait le modèle du parfait gentleman sans excès d'orgueil national, froid, grave, mais rempli de bon sens et d'esprit observateur.

Parmi les Français, citons Edouard Bertin, H. F. Lanoue et un neveu de M. de Prony, si connu par ses travaux hydrographiques et historiques sur les contrées que nous allions traverser, c'est-à-dire une réunion d'artistes, de savants, de cicerones, qui devaient fournir à notre voyage toute la saveur qu'il était possible d'espérer.

Lorsqu'on voyage à petites journées en Italie, la question des veturini est fort importante. Il faut d'abord convenir du prix, s'assurer de la qualité de la voiture et des chevaux, passer marché en fixant les étapes et même stipuler ce que le conducteur devra fournir à chacun des repas de la journée ; faute de ces précautions, de nombreux voyageurs sont restés en route, ils ont eu à supporter des vexations de tout genre; mal nourris, mal couchés et contraints, au milieu ou à la fin du voyage, d'en appeler à la justice italienne, qui ne prend pas toujours Salomon pour exemple.

Notre première étape fut Albano où l'on nous servit un déjeûner trop italien et Velletri qui nous reçut vers les quatre heures du soir. L'hôtel Costa ne vaut pas celui de la villa Parigi. Velletri, qui a vu naître Auguste, est une ville d'environ douze mille âmes, fort sale, fort mal construite, par sa position pittoresque sur les pentes des monts Artemisia. Les femmes y ont une réputation de beauté qué ne justifiait pas ce que nous en avons vu ; celle du vin fut mieux goûtée par l'Anglais, qui joignit une petite fiole de ce vin à une vingtaine d'autres qu'il avait collectionnées durant son voyage dans la péninsule. Il les étiquetait, classait et logeait avec le plus grand soin dans un coffre à compartiments fabriqué dans Charing cross tout exprès pour cet usage.

Le palais Lancelloti, bâti par Lungi, et son escalier de marbre, ne valent pas la peine d'être admirés.

Le lendemain, la journée devait être laborieuse, nous devions traverser Cisterna, Torre dé tre Ponti, les marais Pontins, Bocca di Fiume, pour aller coucher à Terracine.

Partis avec le jour, nous nous arrêtâmes à Torre à la poste, pour faire un mauvais déjeûner en compagnie de marchands de bœufs. Malgré nos prières, Edouard Bertin, bravant la malaria, préféra co nsacrer ces instants à faire des croquis dans les forêts de chênes de Cisterna, dont les sites et la végétation offraient le caractère biblique qu'il commençait à reproduire dans ces paysages.

L'air empesté qui règne dans ces contrées n'empêchait pas les brigands de le prendre pour refuge; pour la sûreté de la route on a coupé les arbres des deux côtés; ces essais de précautions en faveur des voyageurs n'ont jamais eu grand résultat, et ils ne datent pas d'hier, puisque Juvénal, dans sa troisième satyre, témoigne de sa terreur de tomber sous les poignards des brigands chassés des marais Pontins pour exercer leurs méfaits jusqu'aux portes même de Rome.

A Torre dé tre Ponti commencent les marais.

Cette portion du territoire italien a 32 kilomètres de longueur sur 10 à 12 de largeur, il contient 18,846 hectares. Cette longue vallée est limitée par une chaîne des Appenins et du côté de la Méditerranée par une ligne de dunes boisées de distances en distance. Les cours d'eau descendent des montagnes situées à l'est, les dépressions du sol dans certains endroits, les dunes qui arrêtent l'écoulement de ces eaux stagnantes, qui ont souvent une profondeur de deux mètres, contribuent avec la végétation à empoisonner l'atmosphère. C'est en vain que depuis des siècles des travaux d'assainissement ont été entrepris. César et Auguste y ont échoué, et il est difficile de prêter créance à l'assertion de Pline l'Ancien qui parle de trente-trois villes construites dans ces marécages. De 1717 à 1784, le pape Pie VI entreprit des dessèchements, qui, continués avec intelligence, auraient probablement amené la mise en valeur des terrains qui aujourd'hui ne nourrissent que des buffles. Ce pape restaura, sous le nom de *canal Pie*, le canal ouvert par Auguste et sur lequel s'embarqua Horace (Sat. I. L. V); il s'occupa également de la partie de la voie Appienne, abandonnée en 1580. Des *forres milliaires*, c'est-à-dire de petits canaux correspondant aux anciennes bornes de la ville Appia se jettent dans le grand canal dont nous venons de parler; ils suffiraient certainement à amener l'assainissement de ce foyer pestilentiel s'ils étaient entretenus, on peut en juger de la route bordée de peupliers qui côtoie le *naviglio grande*, les parties asséchées étant d'une fertilité remarquable, mais ce pays offrant, comme disait notre Anglais, l'aspect d'une perpétuelle réminicence des temps anciens comparés à la situation actuelle.

Ce ne fut donc pas sans intérêt que nous traversâmes cette mer uniforme de verdure, grâce aux renseignements que nous donna M. de Prony.

Les travaux de son oncle rendaient ces explications attrayantes, et notre Anglais assura, non sans raison, que si cette verte contrée pertilentielle existait en Angleterre, elle serait immédiatement mise en valeur par des produits d'une fertilité remarquable, les facilités de transport qu'offre la multitude de canaux qui la traverse, en même temps que le pays se trouverait délivré du fléau des terribles fièvres qui déciment une population misérable et épuisée.

Entre Tre Ponti et Bocca di Fiume, on trouve Foro Appio, qui a conservé son nom antique. C'est à cet endroit que s'embarqua Horace; il le désigna dans ses satyres comme rempli de bateliers et de taverniers fripons.

« *Inde forum Appi*
« *Differtum nautis, canponibus atque Malignis.* »

En approchant de Terracine, la vue embrasse un magnifique panorama qui s'étend de Rome au Vésuve. Le rocher isolé situé à l'extrémité des marais Pontins, le *monte circeo*, a servi de retraite dans la grotta della maga à la magicienne Circé, qui, nous dit Homère, changea en pourceaux les compagnons d'Ulysse ; notre ami Lanoüe prétendit même que cette race durait encore.

L'*Albergo Reale*, au bord de la mer, aux pieds des rochers élevés qui servent de base à une partie de la ville, est un hôtel relativement confortable. La société y était nombreuse, le mauvais temps nous y tint prisonniers, et les artistes de notre voiturée furent contraints de se contenter d'apercevoir sur le haut d'un rocher les ruines du palais de Théodoric, dont ils firent un croquis estompé par la pluie.

Quel est celui de nous, je parle des touristes, qui n'a pas subi l'insurmontable tristesse de cette réclusion forcée dans un endroit inconnu, au milieu de personnes ayant leurs occupations, leurs habitudes, tandis qu'au dehors, des sites, des monuments vivifiés par le soleil, vous auraient donné tant de jouissances. La pluie, cette pluie fine, serrée, sous un ciel gris, fait comprendre le spleen, cette maladie dont les Anglais ont heureusement gardé le principe. Le nôtre en éprouva certainement un accès, il dîna mal, bâilla incessamment et prit le parti d'aller se mettre au lit en sortant de table ; nous étions disposés à l'imiter, mais notre Italien qui avait rencontré quelques compatriotes de sa connaissance, notamment un vieil avocat en perruque rousse, trouva le moyen de dissiper l'ennui et de faire passer les heures, en nous réunissant dans une petite pièce ayant vue sur la mer, autour d'une table couverte de limonade et de café glacé, et en amenant la conversation sur les brigands dont Terracine et Fondi furent longtemps le repaire.

L'homme à la perruque se vantait d'avoir connu plusieurs de ces honnêtes gens, comme avocat sans doute ; toujours est-il qu'il nous conta de terribles et émouvantes histoires ; offrons quelques détails extraits de ses prolixes récits.

Michele Pezza, né à Itri, connu sous le nom de Fra Diavolo, fut l'un des plus célèbres coquins de cette terre classique du brigandage.

Chef d'une bande nombreuse, il coupait les communications entre Rome et Naples et massacrait les Français isolés ou en petits détachements qu'il rencontrait dans la guerre de 1805 à 1806. Du vol à l'assassinat, il s'éleva au rang de colonel de l'armée de Sicile. Quand il tomba au pouvoir des Français, on trouva sur lui des lettres de la reine et de Sidnay Smith dans lesquelles on l'appelait *mon ami*; rien ne manqua à sa gloire : poésie, peinture, buste, histoire, romance, pièce de théâtre, célébraient ses exploits. — Ne dirait-on pas qu'il est ici question d'un autre héros légendaire ?

Au nord-est, à Sora, un brigand plus féroce, le meunier Mammone, fut également honoré pendant la guerre de lettres signées par Ferdinand et Caroline, dans lesquelles ce misérable est appelé mon général et mon ami. Or, cet ami se vantait d'avoir tué de sa main 400 Français ou Napolitains. Durant les orgies de sa bande, Mammone faisait venir des prisonniers et les faisait égorger au son de quelques instruments jouant une saltarele ou une tarentele. Ceux qui n'acquittaient pas la rançon étaient mutilés : aux uns on crevait les yeux, à d'autres on coupait le nez ou les oreilles, parfois même cette bête féroce les enterrait vivants, ne leur laissant que la tête hors du tombeau. Il se faisait gloire d'avoir inventé des supplices inconnus avant lui. Notre avocat s'était trouvé deux fois en sa présence. Suivant lui, autant Fra Diavolo possédait d'avantages physiques, autant Mammone offrait une physionomie atroce, les yeux du tigre et le rictus de la hyène.

Ces histoires étaient un peu bien anciennes. Un signor italien, qui nous voyait rassasié de sang et de carnage, nous narra agréablement l'aventure plus récente d'un baronet anglais et de sa lady, arrêtés dans les marais Pontins, sur la voie Appienne, dans leur voyage de Rome à Naples durant leur lune de miel. Les brigands, irrités de la résistance du gentleman, le dépouillèrent non-seulement de tout son bagage, mais encore de tous ses vêtements; sa jeune femme, dans son désespoir, égratigna les barbares qui la traitèrent, oh! abomination! d'une façon aussi inconvenante. Les cris, les supplications des malheureux dépouillés n'obtinrent qu'une satisfaction dérisoire. Le baronnet fut roulé dans un numéro du journal le *Times*, sa jeune moitié dans une publication illustrée d'un journal de modes, et tous deux furent laissés seuls sur la route et contraints de faire deux milles à pied pour venir à Itri chercher un refuge.

Fondi est une ville misérable, plus sale, si cela est possible, que bon nombre de petites cités italiennes. Notre Anglais fut le seul à en rapporter un souvenir, dans une fiole, de ce fameux vin de Falerne si vanté par les anciens. Les coteaux qui le produisent, par leur sol, leur exposition se trouvent certainement dans les meilleures conditions, le soleil aidant, à récolter des vins qui pourraient ressembler à nos meilleurs crus du Rhône, tandis que celui que nous y avons goûté était noir, épais, rempli de moucherons, plus fait pour exciter la soif que pour la satisfaire.

La route que nous parcourions était d'ailleurs des plus pittoresque, tantôt des côtes escarpées qui nécessitaient des chevaux de renfort, nous ouvraient des perspectives inattendues sur la mer, avec l'île d'Ischia à l'horizon. D'autres fois la vue s'arrêtait sur des ruines au milieu de champs de fèves en fleur, de prairies peuplées de vaches noires, de tombeaux qui bordaient la route du temps des Romains et dont on reconnaît encore quelques restes. Une vaste tour ruinée, à notre droite, s'élevait sur une base carrée au milieu d'une vigne, un caroubier l'ombrageait. La tradition veut que ce soit le tombeau de Cicéron, assassiné dans ce lieu par les sicaires d'Antoine. Notre paysagiste Lanoüe voulut en conserver le souvenir, il nous demanda une demi-heure, qui lui fut accordée à l'unanimité. Les trente minutes ne furent pas dépassées, mais au lieu d'un simple croquis, il sortit de son crayon un dessin charmant plein de lumière et de vigueur, d'autant plus merveilleux que le sujet y prêtait moins, digne en un mot de ceux qu'il rapportait d'Arricia et de ceux qu'il devait bientôt prendre à Sorrente. L'Anglais voulait à tout prix en devenir possesseur, l'artiste résista héroïquement, remettant l'affaire à plus tard. Ainsi que beaucoup de ses confrères, Lanoüe éprouvait pour chaque œuvre nouvelle une lune de miel, récompense du talent et de l'amour de l'art.

En perdant de vue la tour de Cicéron, nous aperçûmes à notre droite Gaëte et son golfe. Nous ne devions pas visiter cette ville fondée par Enée en l'honneur de Cajeta, sa nourrice. L'aspect en est charmant : des vergers d'orangers et de citronniers l'entourent, les femmes y ont la réputation d'y être belles, elles portent, dans des cheveux rarement noirs, des tresses en rubans du meilleur effet. Pie IX se réfugia à Gaëte, en 1859, François II s'y enferma en 1861 et y soutint un siége héroïque. Notre ancien ami de Quatre-Barbes donna dans la défense de cette place des preuves répétées de sa capacité et de son courage. — Toute mon ambition, nous disait-il plus tard, c'était d'y laisser ma vie et de partager dans la citadelle le tombeau du connétable de Bourbon.

C'est des jardins de l'hôtel de Mola di Gaëta où nous devions déjeûner que nous parcourûmes des yeux le séduisant panorama de la ville d'Enée. A l'horizon on nous fit apercevoir la terre d'Orlando et sur le bord de la mer des ruines connues sous le nom de bains de Cicéron, que les vagues couvrent souvent de leur écume.

Cette auberge de Mola est parfaitement placée. Les jardins dont les terrasses couvertes d'orangers font un délicieux lieu de repos, ont été construits sur l'emplacement du *Prædium formianum* par le prince Caposele, qui bâtit en même temps la villa devenue depuis la maison de tout le monde. Il n'est pas rare d'ailleurs de rencontrer en Italie des tavernes établies dans des sites qu'un artiste n'aurait pu mieux choisir.

Le lendemain, la pluie, hélas! durait encore, le chemin, jusqu'à Sainte-Agathe, traverse des plaines fertiles; le Carigliano, fleuve, qui sépare le Latium de la Campanie, est franchi sur un pont en fer. Horace, en parlant du cours lent de ces eaux, le nommait *Taciturnus amnis*. Du reste, toute cette contrée est peuplée des souvenirs classiques de la Rome antique. Les groupes des îles Ponza dans la mer Tyrrhénienne, à l'embouchure presque du golfe de Gaëte, rappellent, comme les marais de la côte où se cacha Marius, les tristes pages de l'histoire de ce peuple plus grand par son génie que par ses mœurs.

Julia, fille d'Auguste, fut exilée dans l'une de ces îles, à cause de sa vie dissolue. Agrippine, veuve de Germanicus, subit le même sort; enfin Octavie, sœur de Britannicus et femme de Néron, y perdit la vie par ordre de Poppée qui lui fit ouvrir les veines. Néron, ce monstre, qui après avoir empoisonné, avec des champignons, Claude dont il devait hériter de l'empire, disait : — C'est un manger des dieux, Néron devait bientôt venger Octavie, et Poppée périssait à son tour frappée par son indigne époux pendant qu'elle était enceinte.

Mais détournons les yeux de ces horreurs, notre mission, plus modeste que celle de l'histoire, est d'inscrire dans nos notes de voyage les œuvres d'art et les sites remarquables que nous rencontrons sur notre chemin.

Le Falerne, ce fameux vin de Falerne, si chanté par Horace, se montre dans notre voisinage ; — réflexion de notre Anglais après l'avoir dégusté : — Que n'est-il de l'Académie !

Capoue ! c'est en vain que nous nous sommes demandé quelles pouvaient être ses délices ? — La Festa, une mauvaise auberge, un sale déjeûner, partout des petites bêtes, qui devaient empêcher les Carthaginois de s'endormir dans ces délices ; tristes souvenirs de César Borgia, du massacre et d'un nouvel enlèvement des Sabines par ce conquérant de la Romagne, ancien cardinal défroqué.

Enfin le mauvais temps cesse, nous traversons une riche campagne, plantée de vignes enlacées dans des arbres et formant un berceau continuel. Naples se montre à nos regards, Naples la ville de 500 mille âmes, la *Parthenope* des Romains, dont on a sagement fait de changer le nom.

« En arrivant à Naples par la route du nord et par la rue de Tolède qui traverse la ville du nord au midi, il faut subir (ceci paraît-il est réformé) la *polizia del porto*, un demi-piastre, mezza piestra (2 fr. 12 c.) ferme la bouche des cerbères très-corruptibles. A peine entrés dans la cité, une fourmilière d'hommes au langage criard, aux gestes passionnés vous entourent, vous font longer des étalages en plein air, chargés de comestibles et de boissons rafraîchissantes. Les carricoli aux gaies couleurs se croisent rapides quoique attelées de rosses affreuses sur un pavé de lave où s'étendent des lazaronni insouciants.

En approchant de la mer, vers le port, le bruit étourdissant de la rue fait place à une activité d'une autre nature; le peuple des pêcheurs et des matelots se presse, une forêt de mâts annonce des bâtiments d'un commerce important.

Sur le môle, l'improvisateur et le jongleur réunissent autour d'eux un cercle de Béotiens, bien grecs d'origine. Les oisifs du grand monde promènent sur les quais de la Chiaja leur luxe et leur ennui.

Mais quel spectacle pour l'artiste: au midi les rochers de Capri, en face le Vésuve et la côte de Castellemare; au couchant les hauteurs du Pauzilippe, puis le château Saint-Elme, celui de l'Œuf et des constructions que le touriste se promet de visiter si les heures rapides du voyage lui en laissent le loisir.

Nous descendons Strada Medina, à l'hôtel de Genève, mais quoique cette maison soit fréquentée par les Français, sa situation trop centrale nous la fait quitter dès le lendemain pour suivre notre Anglais à l'hôtel des étrangers à Chiatamone d'où nous jouissons d'une vue splendide sur la mer.

CHAPITRE XV

NAPLES

Physionomie de la Cité. — Croquis faits dans la rue. — Les Lazzaroni. — Les Facchini. — Les marchands de comestibles. — Les Napolitains. — La politique populaire. — Le roi Nason. — Garibaldi. — Les millions disparus. — Dialecte. — Chanson. — Musique. — Représentations théâtrales.

Nous n'aimons pas à lire des descriptions, le voyage en Orient de Lamartine nous a toujours semblé positivement ennuyeux ; nous nous abstenons de faire de la couleur avec des mots. La moindre peinture prise sur la nature parle plus à l'esprit, selon nous, que toutes les poésies du monde; mais comme ici nous n'avons pas de choix, essayons d'esquisser à larges traits un peu de cette physionomie mouvante, quoique caractérisée, active et pourtant paresseuse, violente autant que poltronne de la cité et du peuple napolitain.

Comment rendre d'abord par des expressions le magique tableau de Naples avec ce ciel inconnu en France, ce beau golfe sillonné par les bateaux à vapeur et les barques nonchalamment penchées des pêcheurs ? Devant nous s'étend un magnifique amphithéâtre de maisons, de palais, de villas, des montagnes de la Somma et du Vésuve, leurs noms évoquent les traditions de l'antiquité en y joignant les éternelles beautés de la nature. Que de regards empressés, avides, émus, ont embrassé ce splendide panorama que la mémoire gardera comme un rêve, lorsque, au moment du retour, pèlerin de quelques semaines, nous verrons peu à peu s'évanouir, dans la chaude vapeur du soleil, les lignes de plus en plus indécises de ces rives enchantées !

On serait tenté de penser qu'il ne faut emporter de Naples que cette rapide et éblouissante image, sans les déceptions et toujours les dégoûts d'une visite dans l'intérieur de la ville. Là aussi, cependant, il y a lieu à des observations intéressantes : ce n'est plus l'antique rivage immobilisé par le temps avec toute la poésie des souvenirs ; c'est le spectacle étrange, saisissant, attristant ou amusant de mœurs, d'habitudes qui placent l'Italie méridionale beaucoup plus loin de l'Europe qu'elle ne l'est réellement. Dès qu'on entre à Naples, nous le répétons, ce qui frappe surtout, c'est le grouillement d'une population bruyante poussant les clameurs les plus variées. Vous vous rendez compte bien vite de cette affluence sur tous les points par le nombre des enfants qui galopent, la plupart pieds nus. Il est clair que le Napolitain se multiplie avec la fécondité du hareng; il n'est pas moins évident que la fortune ne lui sourit pas en raison de sa famille, mais le soleil est si beau, l'air si doux, que lorsque le brocoli et le pain ne sont pas trop chers, quand il y a un peu de travail, les enfants se roulent avec délices sur la lave de la rue, la femme chante et file, et aux grandes fêtes, on est content, si l'on peut, ces jours-là, tirer des pétards et s'offrir les plats nationaux, le *capitoni*, le *macaroni* avec accompagnement de fromage.

Les soirs d'été, on dansera la tarentelle, et, s'il fait bien chaud, on s'offrira pour un *grano* (4 centimes) un verre d'eau glacée avec de l'anis. Rarement un Napolitain fera usage de ces liqueurs fortes qui nous empoisonnent et que d'ailleurs le climat rendrait mortelles. Si par hasard on rencontre un homme ivre dans les rues, le peuple dit c'est un *English;* leur réputation est parfaitement établie sous ce rapport.

Il semble que le bruit doit faire partie de l'existence d'un Napolitain. Ce peuple est criard, vaniteux et bouffon. Dans la rue, chevaux, voitures, hommes, enfants, tout cela cherche à attirer l'attention, se poussant, se cognant, se bousculant, sans jamais être sérieusement en colère. Des grands bœufs de la Pouille trainent des charrettes, le conducteur joue au triomphateur antique ; trois chevaux sont attelés de front, les harnais sont couverts de cuivre brillant, des pyramides de grelots résonnent au collier, l'homme qui les conduit, crie, chante, injurie et éclate de rire. Un paysan à gilet rouge, à longues guêtres, à grand chapeau, dirige avec son aiguillon un maigre roussin chargé d'un paillasson cousu de façon à servir de bissac. Voici venir des vaches avec leur cloche au cou, des chèvres avec leurs clochettes, des *carrossels*, des équipages de pénitents blancs, la promenade de la statue d'un saint, des gardes nationaux vaniteux, des garibaldiens insolents, des prêtres en bas de soie ou en bottes à tiges montantes, des moines de tous les ordres, des enfants couverts de vermine, se fourrant entre toutes les jambes, et presque toujours des porcs non moins sales, flairant, grognant, fouillant les ruisseaux, respectés par tout le monde, ce qui faisait prétendre à Lanoüe que cet animal était leur *dieu lard*.

Laissons Tolède et quelques *strada* larges où l'on peut, à la rigueur, marcher sans être écrasé, prenons une de ces petites voies escarpées qui ont l'air de vouloir assiéger Saint-Martino et Saint-Elme ou celles non moins curieuses du quartier du tribunali et du mercatello. La couleur locale vous saisit de suite. Dans toute la longueur de la rue, se profilant devant vous, vous apercevez avec des drapeaux plantés aux maisons les jours de réjouissances publiques et laissés là pour le bon effet, vous découvrez, fraternisant avec la *bandiera italiana*, des nippes qu'il serait difficile de qualifier de linge. Il y en a de toutes les couleurs, mais le rouge et le bleu sont dominants, la palette de Delacroix en un mot. Puis à certaines heures, à travers toutes ces loques, une multitude infinie de cordes terminées par autant de paniers s'allongeant des fenêtres les plus élevées pour recevoir du pain, des légumes, du charbon, les objets nécessaires au ménage. Une jeune fille représente dans la rue une maison entière, elle fait remplir les paniers, elle paye, elle donne le signal de l'ascension. Dans les premiers jours de leur conquête, les héros garibaldiens trouvèrent plaisant de mêler toutes les cordes ; ce fut presque une révolution, et il y eut un moment où les chemises rouges craignirent d'être obligés de quitter Naples encore plus vite qu'ils n'y étaient entrés.

Un conseil en passant au touriste qui se hasarde dans ces lieux de délices ; qu'il mette en sûreté sa bourse, sa montre et son mouchoir, plus d'un a passé de ma poche dans celles de quelques jeunes porteurs de l'*Indépendante*, du *Pongolo* ou du *Popolo d'Italia* ; des voleurs ambulants.

Mais l'heure arrive de voir illuminer dans les *vécos* qui servent de débouchés entre Tolède et la *strada médina* toutes ces petites boutiques dont chaque soir la clientèle est nombreuse. Leur étalage est couvert de victuailles de toutes natures. Ici les gargotiers en plein vent font bouillir des chaudronnées d'eau sur des foyers ardents pour recevoir le macaroni ; ailleurs ce sont des viandes cuites, de la charcuterie, des poissons frits qui répandent dans l'air leur arôme pénétrant. Hommes, femmes, enfants, les grani en mains, se promènent autour de ces cantines populaires. Un peu plus loin voici les marchands d'eau glacée et de pastèques se désarticulant pour attirer la pratique ; d'une main ils balancent le tonneau suspendu où l'eau se glace, de l'autre ils offrent des pastèques, les découpent habilement en tranches longues et minces, en célébrant avec des cris leur qualité admirable. *Co tre calle vive, magne à te lave faccia*, c'est-à-dire avec trois centimes, tu bois, tu manges et tu te laves la figure ; mais le Napolitain néglige toujours ce troisième commandement ; ses principes s'y opposent.

Ici encore, de même que nous l'avons signalé à Gênes, les insectes les plus incommodes s'attachent à tout ce qui vous entoure. Beaucoup de Napolitaines sont jolies, elles ont de beaux yeux et surtout de magniques chevelures noires, dont elles s'occupent avec coquetterie ; seulement elles ont le tort de procéder en plein air à la toilette de ces cheveux avec le plus repoussant abandon. Sur les quais, dans les rues étroites, vous rencontrez souvent ce petit tableau de genre, qui vous représente des femmes s'épluchant entre elles, des enfants se roulant dans le ruisseau, des porcs grognant et dispersant, du bout de leur grouin immonde, les tas d'ordures qui salissent et encombrent le passage. Ces animaux, il est vrai, sont chargés d'une mission spéciale, celle de faire disparaître tous les détritus jetés dans la rue ; ils s'en acquittent en amateurs; l'administration n'a pas le droit d'être trop exigeante, et comme personne ne se plaint, cela lui suffit.

Le Napolitain d'ailleurs tomberait malade si on le contraignait à laver quelque chose, et cependant ce ne sont plus ces lazzaroni si richement exploités par les romans, ces sortes de parias allant nus, couchant à la belle étoile ; l'administration française y a, dans le temps, apporté de positives réformes. Aujourd'hui les lazzaroni, en y comprenant les portefaix *facchini*, pêcheurs, vendeurs ambulants de fruits et de légumes, forment une population alerte, vivace, travaillant plus qu'on ne croit pour un maigre salaire, et se contentant de presque rien pour la nourriture et le costume. Sur les 500,000 habitants du *Neapolis* des Grecs, cette population fournit au moins 400,000 individus.

En résumé, la physionomie du Napolitain nous est apparue, criarde, remuante, déclamatoire, gouailleuse et très-voleuse. Il ne sait ni lire ni écrire, mais il sait des légendes curieuses, des vers du Tasse, de Pétrarque, des chansons plus ou moins stupides. Il est religieux par tradition, adorateur du culte, plein de superstition pour les saints qu'il traite avec assez de sans gêne, saint Janvier surtout qui est des plus populaires. Un de nos amis nous racontait un soir qu'il avait entendu dans ses courses un facchini agenouillé devant une madone, s'écrier : « Voilà cinq *candelles* que
» je te brûle pour avoir un bon billet à la loterie ; je vais en brûler

» encore une, mais ce sera la dernière. Si je ne gagne pas cette
» fois, tu n'en auras plus, tu le regretteras, mais tant pis. »

La politique lui est en général indifférente, il aimait assez le roi Nazone, son esprit gouailleur lui plaisait : pas un Napolitain qui ne sache l'histoire du biscuit. Le roi trempait un biscuit dans un verre de Marsalla, le vin est pompé par le biscuit, le roi le suce et recommence jusqu'à ce qu'il n'y ait plus rien dans son verre : — Ah ! tu as bu tout mon vin, dit-il en l'élevant à la hauteur de sa bouche, eh bien ! pour te punir, il faut que je te mange !

Masaniello, Garibaldi sont le passé et le présent politique des Napolitains, l'*inno* à Garibaldi retentit chaque soir : *Evviva Galoubalda*, car c'est ainsi que le peuple de Naples prononce le nom de l'aventurier, se fait entendre comme protestation à tout ce qui le froisse. Pauvre peuple ! qui n'a subi une révolution, la vingt-neuvième, que pour tomber sous une domination plus mauvaise que celle qu'il a renversée : rencontrer des Piémontais dans tous les emplois, voir doubler ses impôts et persécuter la religion de ses pères ! Encore si cette révolution napolitaine s'était faite par des Napolitains, mais d'où sortaient les envahisseurs qui ne lui apportaient que ruine et pillage ? Un ramassis de misérables, lâches quand on leur résistait, orgueilleux et vantards, voleurs comme les Catalans, écume sortie des bagnes, commandés par un entrepreneur de révolutions ayant servi partout, même en Amérique, tout ceci au profit, non d'un progrès quelconque, mais d'un petit peuple conquérant et d'un roi annexioniste qui appelle ce coup de main *l'affranchissement de l'Italie* ! Et sait-on comment cet affranchissement a été en réalité obtenu ? Qu'on aille au *dicastère* des finances, on y trouvera les preuves des trahisons et des marchés les plus ignobles : — achat (*compra*) du général X tant ; lettres d'un colonel qui vit maintenant paisiblement en Angleterre, demandant quatre piastres par homme et se contentant d'un ducat, un peu plus de quatre francs, pour se vendre avec ceux qu'il commandait ; et puis c'est le partage, le lendemain, de l'invasion ; on accorde quatre cent vingt mille ducats pour les routes, une énorme somme pour le dessèchement du lac d'Agnano, d'autres fonds pour l'agrandissement du port de Naples, tous travaux qui sont restés à faire. Garibaldi, à son entrée à Naples, avait trouvé vingt-sept millions de ducats ; on osa en demander l'emploi, il rendit ses comptes, mais il ne put justifier que d'une dépense de cinq millions ; quant aux vingt-deux autres, ils avaient disparu... On voit que ce n'est pas sans profit qu'on endosse la chemise rouge !

Nous nous sommes laissé entraîner, revenons, nous aurions trop à dire sur ce malheureux sujet.

Les Napolitains ont un dialecte à part qui n'est pas celui de Rome ou de Venise, l'abbé Galiani (*del dialetto napolitano, 1793*) s'est fait son historien. Les syllabes sont tronquées par le peuple et l'*i* est élidé au commencement des mots *nzipito* pour insipide, *mmano* pour *immano* ; il en est ainsi pour une foule de lettres ; les conjugaisons des verbes sont moins changées, et cependant on pourrait dire que dans leurs relations avec les étrangers, les Napolitains résument la langue à quelques phrases : — *Eh! che volete ?* Eh ! que voulez-vous ? ou — *Qui lo sa !* Qui le sait ! semble faire le véritable fond de leur idiome. Voici une de leur chanson, citée par Valeri, qui donnera une idée de la poésie populaire :

> Amice, alllègre magnamo e berimmo
> Nfin che n'ce stace noglio a la lucerna :
> Chi sa s'a l'autro munno n'ce vedimmo ?
> Chi sa s'a l'autro munno n'ce taverna !

« Amis, mangeons et buvons joyeusement tant qu'il y a de
» l'huile dans la lampe, qui sait si dans l'autre monde nous nous
» reverrons? Qui sait si dans l'autre monde il y a une taverne? »

Ce triste échantillon de poésie chantée ne doit pas faire conclure que les Napolitains soient dépourvus de goût et d'oreille. Depuis Porpora jusqu'à Cimarosa, Mercadante et Bellini, la musique dramatique a toujours eu de fervents adorateurs. Il est vrai, ainsi que nous l'avons déjà dit, que les Italiens n'ont jamais été ou n'ont jamais voulu produire au-delà de l'expression de faciles mélodies. Lorsque la musique, suivant une impulsion nouvelle, s'est trouvée entraînée à sacrifier la mélodie à l'harmonie, Naples a laissé échapper le sceptre de ses mains paresseuses ; les barbares du Nord l'ont ramassé, et le Nord, une fois de plus, a vaincu le Midi.

Le théâtre de *san Carlo*, qui devrait être le temple où les dilétanti expriment leurs hommages aux grands compositeurs dont les partitions sont populaires, abandonne chaque jour cette charmante musique pour s'égarer dans des flonflons prétendus patriotiques.

Citons quelques-uns des titres des ouvrages représentés durant notre séjour, au théâtre *nuovo*, *la guarda nazionale*, opéra comique en cinq actes ; la Fuite des Bourbons, opéra comique en trois actes ; le Réveil de la Sicile, le Triomphe de Catalafini, la Bénédiction des Drapeaux, etc., opéra ; et enfin un ballet, le Réactionnaire et la Garibaldienne.

Voici comment M. Charles Lapierre, durant son séjour à Naples, rendait compte à ses amis de ce dernier chef-d'œuvre :

Un réactionnaire riche, comme ils le sont tous, les misérables ! aime une jeune Garibaldienne : cela répond à nos ex-*Vésuviennes*. Il lui peint sa flamme en quelques *flics-flacs* bien sentis, et par un prodige de souplesse lui exprime l'intention de lui faire un sort brillant. La jeune fille hésite entre ce riche avenir et ses sentiments patriotiques qui lui font considérer comme une honte de céder aux vœux d'un ennemi de la cause italienne. Elle aimait d'ailleurs un jeune homme de Nola, pauvre, mais grand citoyen ; il est parti comme volontaire à la suite de Garibaldi, et il est mort en combattant sérieusement à Catalafini. Elle pleure sa perte par des jetés battus pleins de suave mélancolie. Cependant sa mère est dans le besoin, et pour assurer du pain à ses vieux jours, elle va se résigner à épouser le réactionnaire, lorsque tout-à-coup, ô surprise ! ô bonheur ! (deux demi-cercles avec pointes) le Garibaldien perdu apparaît et vient déposer aux pieds de sa bien-aimée ses bottes de sept lieues, sa vareuse rouge, son béret et un sabre gigantesque. Le réactionnaire est repoussé, et le Garibaldien, après un mouvement de toton qui traduit toutes les ivresses de l'âme, reçoit sur son bras gauche, émue et renversée, celle qui par son amour et son patriotisme a su vaincre les obstacles du destin ; — en style de libretto.

Eh bien ! quoi qu'il en soit de cette parade et de cette musique, cela vaut encore mieux, selon nous, que les paroles et le chant de la Marseillaise, devenue odieuse à nos oreilles depuis qu'elle n'a plus servi qu'à nous conduire de l'émeute à la défaite et de la défaite à l'émeute.

CHAPITRE XVI

ASCENSION DU VÉSUVE

Chiatamone. — Strada nuova. — Marinella. — Les Guirlandes d'écorces. — Portici, son Palais. — Farini. — Résina. — L'hôpital. — Torre de l'Annunziate. — Les Guides. — Les Voleurs. — Ascension. — L'Ermitage. — Les Vins. — Le Cratère. — Enthousiasme. — Un peu d'histoire. — Légendes. — Descente. — Le Livre des voyageurs. — Les Calembourgs.

Le 4 mai, par un temps clair, un ciel d'azur, un vent un peu frais, nous nous trouvâmes réunis vers six heures du matin à la porte de l'hôtel des Étrangers, au nombre de quatre, attendant quatre autres personnes, dont deux jeunes dames, une Sicilienne aux yeux noirs et une Anglaise au regard de saphir, qui des hôtels de la Grande-Bretagne, rivièra di chieza et d'Amérique, à côté de la Vittoria, devaient nous prendre au passage pour une excursion, objet de toutes nos combinaisons depuis huit jours.

Il s'agissait du Vésuve.

Le Vésuve, avec ses 1,650 pieds de hauteur, son panache de fumée durant le jour, ses lueurs rouges durant la nuit, parfois ses grondements et ses secousses, est un personnage obligé dans toutes les excursions autour de Naples, comme il est un *lointain* magnifique servant de livret au paysage. Une ascension à son cratère offre toutes les jouissances et tous les désagréments d'un long voyage. Vue splendide, affreux cahos de laves, mais tons vigoureux; vapeurs asphyxiantes, mais produisant des aspects inattendus; puis enfouissement dans les cendres, sol brûlant, souliers brûlés, voleurs, chutes, fatigue, etc., tel est le programme. On voit qu'il y a là un contingent d'émotions bien suffisant pour une journée.

Qui croirait que la *montagne*, ainsi que le volcan est appelé à Naples, puisse aux portes d'une capitale être infestée de brigands? c'est cependant ce que nous disaient quelques Napolitains au moment du départ; on nous énumérait les épisodes de vol et d'assassinat arrivés dans le mois précédent; un Anglais détroussé avec beaucoup de politesse, un Russe dépouillé de sa bourse et de sa montre et de plus laissé pour mort parce qu'il s'était permis quelques velléités de résistance. Nous écoutons et nous montons en voiture; nos dames souriaient bravement à ces gasconnades italiennes, les hommes prennent un air martial, absolument comme des héros garibaldiens.

Nous voici en route avec notre *carrosel* attelé de trois chevaux bardés de grelots et de clochettes; nous traversons la portion de la ville qui suit le golfe de *Chiatamone* à la *strada nuova* et qu'on appelle généralement la *Marinella*; à notre droite la mer, à notre gauche une rangée de maisons garnies de guirlandes d'écorces de melons jaunes et d'oranges qui mûrissent à l'air et qu'on garde pour Noël. Nous dépassons le château des Carmes, la caserne de cavalerie et nous arrivons au pont de la Madeleine sur lequel s'élèvent la statue de san Gennaro et de san Antonio; nous sommes hors de la ville et nous perdons de vue la mer. De *Granili*, vastes magasins de blé à la *Torre de l'Annunziate*, la vue retrouve la Méditerranée, et la route est bordée de charmantes habitations, occupées dans la saison de villégiature, au printemps et en automne, par la noblesse de Naples.

Portici et son palais nous apparaissent. Pauvre palais, hélas dépouillé des collections d'antiquités trouvées à Pompéï et à Herculanum, transportées au musée Bourbon. La cour l'habitait autrefois durant l'automne, depuis il a passé qui sait en quelles mains. Farini l'occupa durant quelques mois, assez longtemps pour mettre le feu par imprudence à de magnifiques tapisseries, et pour, nous disait un de nos compagnons de route, qu'on y vît presque toujours en passant pendre au dehors, à l'une des fenêtres des appartements particuliers de ce grand homme, des jupons doublés de crinoline.

Ensuite vient *Résina*. Le prince de Salerne y possédait un beau château dans lequel est une salle dont le pavé en marbre a appartenu à l'un des palais de Tibère. Dans quelques minutes d'arrêt, l'un de nous découvre, auprès de l'hôpital des Incurables une maison de modeste apparence, dont la destination est ainsi indiquée : — Succursale de l'hôpital pour les incurables convalescents ! Cette naïveté nous donna un instant de bonne humeur.

Nous sommes sur le domaine du Vésuve, les courants de lave ont ravagé toute cette partie du littoral depuis Portici jusqu'à Torre de l'Annunziate, ce qui n'a pas empêché les maisons de se multiplier sur les pentes du volcan, à cause surtout de l'extrême fertilité du sol ; seulement, dans cette dernière localité, les mêmes raisons ne devraient pas engager à y établir des fabriques de poudre et d'armes à feu. — Il n'y a que les Napolitains pour oser fabriquer de la poudre au pied du Vésuve.

Ordinairement c'est sur la petite place de Résina que s'arrêtent les voitures, là se trouvent les ciceroni et les ânes qui transportent les voyageurs; on opère l'ascension par les scories sur lesquels on rencontre un point d'appui résistant et on descend par les cendres; nous trouvâmes convenable de faire précisément le contraire; pourquoi? c'est ce que je ne saurais dire, si ce n'est que nos dames l'avaient ainsi décidé.

Après avoir mangé l'avoine à Résina, c'est-à-dire avoir dévoré quelques carottes fanées, nos chevaux repartent à fond de train au grand regret de la foule qui comptait nous exploiter, et de l'effroi général des poules, des chèvres et des porcs noirs.

Dominico, un guide qui parlait assez bien le français, nous attendait à Torre de l'Annunziate avec des porteurs, des chevaux et des ânes. Nous choisîmes nos montures au milieu d'une nuée de mendiants sales, obséquieux ou impertinents; quelques démonstrations un peu vives nous en débarrassent. Notre caravane se met enfin en marche aux cris assourdissants d'une foule qui de loin continue à nous suivre. Nos guides ont une manière assez plaisante mais sûre de faire avancer les ânes sans se fatiguer à les battre. Il est reconnu depuis longtemps que ces animaux sont portés par instinct à faire l'opposé de ce qu'on exige d'eux, aussi les conducteurs les guident par la queue, et n'ont besoin que de la leur tirer un peu de temps en temps pour leur imprimer une nouvelle vigueur.

— Dominico?

— Signora?

— Est-il vrai qu'il y ait des brigands sur le Vésuve et qu'on puisse être attaqué?

— *Eh que volete! c'était l'inverno et non ha uncisi alcuno.*

Parlez français, Dominico, nous vous comprendrons mieux... Eh bien ?

— Jamais quand il y a des dames, signora.

— Ah ! charmant ! du reste je ne conseillerais pas aux ladrone de nous attaquer, ces messieurs sont armés, et moi j'ai *une petite méchine* dont je saurais me servir.

En prononçant ces mots avec l'affectation de l'accent anglais, la jeune *miss*, qui parlait également bien le français et l'italien, sortit de sa poche un charmant revolver monté en ivoire et en tira un coup au-dessus de la tête de Dominico, qui fit un bond en l'air à notre grande hilarité et aux rires bruyants des autres guides.

Nos montures gravissent d'étroits sentiers, elles enfoncent jusqu'aux jarrets dans une cendre épaisse. Des vignes capricieusement jetées comme des broussailles sur toutes les sinuosités de cette partie inférieure du cône volcanique produisent ce fameux *Lacryma christi*, aussi ridicule de nom que mauvais en qualité. *Chiabresa* a beau le célébrer avec emphase, celui que ce prétendu ermite vend 2 fr. à San-Salvatore est détestable, absolument comme le cœcube, le falerne et même le marsala qui se débite à Naples.

Du reste la chose est de tradition en Italie. Héritiers des Grecs et des Romains, les Italiens préfèrent le vin doux et odoriférant aux qualités naturelles qui décèlent leur pureté. Les Grecs jetaient dans les tonneaux de la farine pétrie avec du miel, ils y joignaient des aromates, des fruits et des fleurs, le tout composait une sorte de raisiné. Galien mentionne des vins d'Asie qui, mis dans de grandes bouteilles, qu'on suspendait au coin de la cheminée, acquéraient par l'évaporation la dureté du sel. Pline parle de vins gardés durant cent ans qui s'étaient épaissis comme du miel et qu'on ne pouvait boire qu'en les délayant dans l'eau chaude et les passant à travers un linge, etc. Les Napolitains ne gardent pas le leur si longtemps, mais ils ne l'estiment que s'il est noir, garni de mouches et chargé d'alcool.

Nous commençons à entendre des grondements de tonnerre dans le lointain et le vent nous rabat en plein visage des odeurs sulfureuses. A l'issue d'une gorge étroite, nos montures essoufflées s'arrêtent, il nous reste à faire l'ascension du cône volcanique, c'est un exercice que nous sommes obligés de confier à nos jambes.

De nouveaux guides se présentent, refus de notre part, leur mission est de tirer et de pousser les voyageurs ; l'Anglaise s'indigne, la Sicilienne hésite, elle finit par faire une transaction entre son amour-propre et sa paresse ; armée d'un bâton, elle se craponne de l'autre main à une courroie passée en ceinture autour du corps de son cicerone, et l'ascension commence.

A mi-côte est une espèce de corniche qui paraît ceindre la montagne dans son pourtour ; nous jugeâmes convenable d'y faire une pause, nous étions dans un état d'ébulition digne de l'ascension que nous accomplissions ; jamais je n'avais vu de roses plus roses sans être rouges que les joues de l'héroïne anglaise qui nous devançait.

Enfin nous atteignons le sommet ; de tous côtés le terrain brûlant est parsemé de petites crevasses par lesquelles s'échappent des flots de fumée bleuâtre à l'odeur sulfureuse. La croûte incandescente que nous foulons est brûlante, nos chaussures fument, nous sautons incessamment d'un pied sur l'autre, cherchant une place moins ardente. Les couleurs les plus étranges s'attachent aux objets qui nous entourent, le sol est jaune, rouge, bleu, tâcheté de noir par les pierres vomies par le volcan. Nous levons les yeux et au milieu des éternuements que nous causent ces nuées de soufre répandues dans l'air, un panorama admirable se déroule à nos regards sous les dernières splendeurs du jour.

A l'orient, le promontoire de Sorrente, les îles de Capri, Ischia, Procida et puis une longue ligne de mer azurée ; au midi, le cap Misène, Pouzzoles, la côte du Pausilippe avec ses collines qui s'avancent. Leur sommet est couvert de vignes, d'églises, de bouquets de bois noyés dans une teinte d'or, enfin Portici, les deux Torre et les camaldules venaient terminer ce tableau que des mots ne sauraient rendre, par un parterre de verdure et de fleurs.

L'admiration, ce sentiment de grande poésie que nous éprouvions dans la contemplation de ces splendeurs, aurait dû se manifester parmi nos artistes explorateurs éternels des beautés de la nature ; il aurait dû éclater chez le couple sicilien qui avait quitté l'Etna pour rendre visite au Vésuve. Eh bien ! ce fut notre jeune Anglaise, cette froide fille du Nord, qui laissa s'exhaler la vive émotion que lui causait ce sublime spectacle. En franchissant les dernières hauteurs de la montagne, elle avait quitté son chapeau pour souffrir moins de la chaleur, ses longues tresses blondes voltigeaient dans l'air ; à la vue qui se déployait sous ses yeux éblouis, elle jeta loin d'elle son ombrelle, un rayon d'inspiration traversa sa physionomie, et ce fut d'une voix animée qui prêtait à la poésie anglaise une harmonie peu commune, qu'elle récita ces vers de Thompson :

> By swift degrees the love of nature works, (1)
> And warms the bossom, till at last sublimed
> To rapture, and anthousiastic heat,
> We feel me présente Deity, and taste
> The joy of god te see his au ful works!

Un Italien eut déclamé avec emphase un sonnet plein de conceti sur les sublimes horreurs du volcan ; la fille du nord rapportait à Dieu le sentiment qu'elle éprouvait ; ce n'était plus une sim-

---

(1) L'amour de la nature agit et par degrés rapides échauffe l'âme jusqu'à ce qu'enfin dans son ravissement, dans son enthousiasme sublime, elle sent la présence de la divinité et participe aux joies de Dieu, de voir ses majestueux ouvrages.

ple impression, c'était l'impression vivifiée et grandie par la pensée.

On ne saurait constater historiquement l'époque où le Vésuve commença à menacer les populations qui vivent dans son voisinage.

Diodore de Sicile, qui écrivait sous Auguste, vingt-cinq ans avant Jésus-Christ, assure que jadis cette montagne avait vomi du feu, dont les traces existaient encore. Strabon, après avoir décrit Pompéï et Herculanum, appelle le Vésuve une montagne couverte de cendres; ce n'est qu'en 63 que Sénèque commence à mentionner des éruptions peu graves probablement, puisqu'il s'occupe d'un troupeau de 600 moutons qui furent étouffés par les laves.

Il faut lire dans les lettres de Pline-le-Jeune à Tacite, le récit de son oncle, de la destruction de Pompéï par l'effroyable éruption du Vésuve; Un siècle après, Plutarque y ajoutait de nouveaux détails, et Dion Casius y mêlait des histoires merveilleuses, des légendes et des fables répétées par le peuple. Les cendres furent portées, dit-il, jusqu'en Afrique, en Syrie et en Egypte; quoique cela puisse sembler incroyable; toujours est-il cependant que plus tard l'éruption de 993 mit le feu à Rome en plusieurs endroits et que la cathédrale de Saint-Pierre fut atteinte, mais grâce aux prières et à l'apôtre, cet incendie n'eut aucune gravité.

Après ces preuves d'érudition que nous avons eu la vanité de ne pas éviter aux lecteurs, ajoutons que nous les engageons à lire en beau et bon français, quoique un peu sèches de forme, les pages écrites par Chateaubriand sur son ascension au Vésuve ; nous avons eu l'honneur de les entendre reproduites de vive voix à l'époque où nous étions sous ses ordres. Jamais il ne manquait, en terminant sa narration et l'épisode de sa descente dans le cratère, de citer ce dernier vers du Dante, lorsqu'il peignait dans son enfer ces sables brûlants où des flammes éternelles descendent lentement et en silence :

Come di neve in Alpe senza vento.

La nuit arrive durant notre contemplation passionnée des horreurs du volcan et des beautés d'un horizon teinté d'or. Dominico, qui, ainsi que tous les Italiens, tient à produire de l'effet, nous raconte, sur le bord du cratère, l'histoire d'un Ecossais qui voulut faire une exploration dans cettte cheminée naturelle, se fit descendre avec des cordes, le long des parois couverts de scories et de soufre. Longtèmps on l'entendit encourager les guides, mais enfin sa voix ne parvint plus jusqu'à eux; ils se hâtèrent de retirer le câble, mais ils le ramenèrent allégé du poids de l'imprudent touriste qui avait été chercher le secret d'Empédocle dans ce brûlant abîme.

Ensuite vint le récit d'une pauvre fille de Résina, trahie par son fiancé, laquelle se jeta dans le gouffre. S'il n'avait pas fait nuit,.

Dominico nous eût montré la trace de son pied au moment où elle s'élançait dans le cratère.

Avec la nuit le froid était venu, nos pieds continuaient à rôtir, mais nos nez commençaient à geler ; aussi étions-nous pressés de partir.

C'est en vain qu'une sorte de mendiant nous offre de faire cuire des œufs dans la cendre, le régal ne nous tente pas. Nous déroulons une grande corde formant une sorte de rampe que nous tenons à la main, qui commence par un guide et finit par un autre et nous nous lançons dans les cendres. Ici se produit une gymnastique que l'obscurité cache heureusement à tous les yeux, on glisse, on tombe, on s'enfouit jusqu'au genou; pour ma part j'y laisse mon chapeau, plus heureux que le Sicilien qui arrive avec un pantalon endommagé dans la plaine qui sépare la somma du Vésuve.

Lorsque les pieds peuvent se poser sur les scories, nous reprenons une démarche plus convenable, seulement leur entassement présente d'autres obstacles à vaincre. Après des efforts incessants durant lesquels nos dames se montrent intrépides, nous parvenons à gravir un dernier escarpement, et la lave nous apparaît en ondes de feu dans un lit de plusieurs mètres de largeur, leur lueur jette un éclat diabolique, elle ressemble à ces rivières de fonte, qui dans les grandes usines métallurgiques, roulent au sortir d'immenses creusets avec des scintillements de fournaises ardentes. Comment un grand théâtre n'a-t-il pas songé, jusqu'à présent, à offrir au spectateur blasé ce décors d'un effet saisissant et terrible?

Ici encore, comme au cratère supérieur, se raconte une légende. Un fils, dans un moment de délire, avait tué sa mère; poursuivi par le remords, il vint se réfugier dans les gorges sauvages creusées par le Vésuve, il s'isolait de tous rapports avec les visiteurs; mais, excité par la faim, il alla un jour à un voyageur pour l'aider à travers les scories, à visiter le cratère latéral. Dans l'explication qu'il donnait du phénomène, en se penchant sur la coulée de feu, il perdit l'équilibre, tomba, et fut englouti par la lave. Un cri affreux, de la fumée, un pétillement, la lueur d'une flamme sortie d'un nouvel aliment de combustion, et tout rentra dans le silence. Le voyageur resta épouvanté, et puis, dès le lendemain, d'autres touristes aperçurent dans des scories figées une masse noire, luisante, hideuse, ayant l'horrible aspect d'un possédé qui se tord au milieu des feux de l'enfer. Ceux qui, plus courageux, bravent les incidents d'une nuit passée sur la montagne pour assister au lever du jour, frémissent en entendant des gémissements qui les glacent d'effroi : c'est l'âme du parricide qui erre jusqu'au jugement dernier au milieu des éruptions du feu du Vésuve.

Nous grelottons, en effet, de froid et d'effroi en entendant ce récit dramatique; notre Anglaise rompt le charme en remuant la lave du bout de son ombrelle, qui prend immédiatement feu. Les guides ne veulent pas être dépassés, ils plongent leurs bâtons dans la coulée et relevant la lave enflammée, ils en font des torches qui nous éclairent. Ce spectacle ne nous retient pas longtemps, nous reprenons notre course, l'ermitage de *San-Salvatore* est dépassé, et nous retrouvons nos montures qui doivent nous conduire à Résina au milieu de nombreuses difficultés et d'un accompagnement de bruit souterrain formant une basse continue d'un effet peu commun.

A Résina nous retrouvons notre voiture, nous payons nos guides dans une loge où on nous présente un gros et sale manuscrit avec invitation d'y inscrire notre nom et nos réflexions sur le Vésuve.

Ce que la prétention bête, la vanité sotte, imagine pour signaler son passage dépasse toute vraisemblance. En contemplant ces registres de la niaiserie humaine on est terrifié : Ici de quatre vers de mirliton, improvisés par quelque imbécile, pas un n'est sur ses jambes. Là, un bas bleu extatique a exhalé un sanglot grotesque ! Calino a voulu laisser des traces, Sganarelle et don Juan ont rivalisé de fanfaronnade et de sottise, et quand on pense que de nos jours, c'est la majorité qui fait la loi, c'est à éprouver le vertige !

Citons au hasard :

« Bernier de Fécamp a *monté* l'ascension du Vésuve avec cinq femmes ! »

Au-dessous, un farceur a écrit :

« Le pauvre homme ! »

Ailleurs :

« Ch. Blanc, très-altéré de cette promenade. »

Encore au-dessous :

« Bois-Blanc. »

Enfin la réflexion d'un touriste mécontent de ses guides aussi trop altérés :

« A Naples on m'avait dit que les guides au Vésuve étaient couleur pain d'épice, eh bien, non ! ils sont gris »

On voit que, même hors de France, nos compatriotes cultivent bien agréablement le calembourg. Heureusement ils ne sont pas toujours compris, sans cela Dominico et ses amis n'auraient pas laissé subsister cette calomnie atroce contre les guides.

CHAPITRE XVII

POMPÉI ET HERCULANUM

Visite au musée Borbonico. — Pompéi enfoui sous l'inondation. — Hôtel Diomède. — Aspect de la ville. — Diomède. — Temple d'Isis. — Atelier de peinture. — Maison de Pansa. — Dévastation des Anglais. — Le Rêve. — Les bains. — L'Amphithéâtre. — Chateaubriant et la reine Caroline Murat. — Les Manuscrits en papyrus. — Herculanum. — Catacombes. Une Fleur de vingt siècles.

Au lieu d'entraîner le lecteur à nous suivre dans toutes les curiosités que les voyageurs ont la routine de visiter à Naples, et dans son voisinage, nous nous permettrons de borner nos excursions à Pompéi et Herculanum.

Cependant, avant que d'entreprendre cette exploration qui d'ailleurs peut être accomplie dans une journée, nous conseillons de passer quelques heures au musée Borbonico, aujourd'hui musée national. Les archives de tout ce que les antiquaires sont parvenus à réunir des temps anciens, offrent sans doute un puissant intérêt;

mais il faut laisser aux itinéraires le soin de les décrire; qu'on juge par l'indication suivante de ce qu'il s'y trouve à étudier.

Rez-de-chaussée, peintures antiques au nombre de 1,600 ; mosaïques, statues et bas-reliefs en marbre, salles d'Apollon, des Muses, d'Adonis, de Flore, d'Atlas, de Tibère, etc. Antiquités Egyptiennes, collection épigraphique, galerie des bronzes, monuments du xve siècle, vases antiques, etc. Étage supérieur, collection des petits bronzes dont les ustensiles de cuisine, vases italo-grecs, salles des papyrus, etc. Cabinets des gemmes et objets précieux comprenant plus de 2,000 numéros, cabinet numismatiques, galerie des tableaux divisée en deux sections, salle des chefs-d'œuvre, bibliothèques, archives, etc.

Nous disons que nous conseillons avant que d'accomplir la visite de Pompéï et d'Herculanum, d'en faire une au musée national, c'est là, en effet, que le touriste trouvera presque tous les bibelots découverts dans les fouilles de ces deux malheureuses villes anéanties comme Sodome et Gomorrhe; ajoutons même des objets d'un intérêt réel dans l'histoire des arts, et qui doivent augmenter celui du voyageur au milieu de sa promenade dans les anciennes cités de la Campanie.

Pompéï est certainement la plus grande curiosité de l'Italie, son étude nous reporte à dix-huit siècles en arrière ; ce ne sont plus les notions plus ou moins intelligibles que les historiens et les érudits nous fournissent; en parcourant cette ville sortie de son tombeau, la pensée prend un corps, l'antiquité disparaît, on croit vivre avec ces colonies peslagiennes devenues tributaires de Rome, et si nous étions ministre de l'instruction publique, nous voudrions que les lauréats en thèmes ou en versions obtinssent pour prix un voyage à Pompéï et à Herculanum, ce serait des vacances bien employées.

Il n'y a pas plus d'un siècle que Pompéï a été rendue à la lumière ; les savants, nourris des récits des historiens, ignoraient encore en 1600 quelle position cette ville avait occupée et s'il existait sous les coulées du Vésuve des restes de sa splendeur passée (1). Plus d'un volume a été écrit pour discuter sur son étymologie. Un architecte, Fontana, fit creuser un canal à travers l'emplacement de l'antique cité pour amener à torre dell'Annunziata les eaux du Sarno; le duc d'Elbœuf, marié à une fille du prince de la Salsa, fit bien exécuter quelques fouilles; don Carlos, devenu Charles III, découvrit un temple de Jupiter, où était une statue qui paraissait d'or, et cependant ce furent des paysans, remuant la la terre pour planter quelques vignes, qui révélèrent tout d'un coup ce mystère à des antiquaires dissertant sur un mot grec ou syriaque.

Nous avons déjà parlé des lettres de Pline à Tacite, racontant la catastrophe qui fit disparaître Pompéï en quelques heures; les

---

(1) Rommanelli.

fouilles, l'étude des ruines dégagées des quatre mètres de détritus qui la recouvrait, ont fait reconnaître depuis que l'éruption seule du Vésuve n'avait pas été la cause absolue de ce désastre. Le géologue Dufrénoi, tous les touristes depuis lors ont pu s'assurer que Pompéï a été victime encore plus de l'inondation que du feu. Les eaux sont bien certainement la cause de l'enfouissement d'Herculanum et de Pompéï, les cendres n'eussent pu remplir les caves au point où elles ont été trouvées ; d'ailleurs la masse des débris se compose de matières qui ne peuvent être sorties de la bouche du volcan, on n'y retrouve aucunes des espèces minérales produit des éruptions actuelles, et des traces sensibles de l'invasion des eaux sont restées marquées sur plusieurs monuments. Une pluie de cendres a commencé l'enfouissement; les pierres brûlantes, la projection des laves sont ensuite venues incendier les charpentes, fondre les métaux, le verre, calciner les murs; enfin l'eau, entraînant un sol des plus mobiles, a terminé l'œuvre de dévastation. Tous ces phénomènes ne se sont pas accomplis dans un jour, jusqu'ici on n'a trouvé que 500 squelettes dans ces ruines, ce qui prouve qu'une grande partie de la population parvint à fuir, mais ces malheureux revinrent bientôt fouiller le sol et ils retirèrent des habitations une partie de leurs richesses. La coupe des terrains qui couvrent Pompéï, présente sept couches successives, dans quelques-unes on a retrouvé des bijoux et des objets de bronze; Pompéï a donc subi plus d'une catastrophe, la première n'a peut-être pas été aussi complète qu'on l'a supposé jusqu'ici, et l'eau a joué un rôle plus grand que le feu dans la destruction de cette malheureuse cité.

Ceci exposé pour la justification du Vésuve, entrons à Pompéï par la *via Domitiana*, qui devient la rue des tombeaux ; plus loin, celle d'Herculanum, et consacrons quelques moments à la villa de Diomède, beaucoup plus curieuse que celle de Cicéron, qui la touche.

Mais avant que de pénétrer dans cette cité des morts, un bon conseil au touriste qui, séduit par ce nom de Diomède, se laisserait aller à entrer dans l'auberge qui porte ce nom.

Le Diomède antique nourrissait ses chevaux avec de la chair humaine ; le propriétaire de l'hôtel de Pompéï leur fournit une nourriture non moins révoltante ; de plus il doit certainement faire partie de ces voleurs patentés qui exploitent maintenant les voyageurs en Italie.

La via Domitiana, par laquelle nous pénétrons, formait un des faubourgs de Pompéï, elle est plus large que les rues qui traversent la portion de la ville qu'on a découvert. Ces rues généralement sont droites, elles sont si étroites qu'elles ne présentent pas une largeur de plus de deux mètres. Un seul char pouvait y circuler ; pavées en laves, la circulation des voitures y a laissé l'empreinte de leurs roues ; de chaque côté sont des trottoirs élevés, quelquefois un dé de pierre se trouve placé au milieu pour faciliter le passage en temps de pluies. De nombreux puits de 20 mètres de profondeur, des citernes concouraient, avec un acqueduc, à fournir à la ville l'eau dont elle avait besoin. On a retrouvé, comme dans nos cités modernes, des tuyaux en plomb qui servaient à les distribuer aux maisons particulières, aux palestres, aux basiliques et aux bains. Défense était faite de déposer aucune ordure dans ces voies, et le long des temples et des monuments ; dans une petite rue du Forum on a retrouvé une inscription dont voici la dernière ligne que nous nous abstenons de traduire :

. . . . Quisquis hic minxerit aut cacaverit.

La villa de Diomède est une des plus grandes habitations de Pompéï, elle offre le rare exemple d'une maison à trois étages, non superposés, mais à différents niveaux sur la pente de la colline. A l'entrée se trouve un perron de sept marches, orné de deux colonnes, et on pénètre dans le péristyle, sorte de cloître soutenu par un grand nombre d'autres colonnes revêtues de stuc, comme presque toutes les murailles de cette ville. Viennent ensuite l'*Impluvium* qu'alimentait une citerne, le *procaton* ou antichambre, le *cucubilarius* ou chambre à coucher, puis des pièces destinées aux bains froids et aux bains de vapeur, car les Romains ne craignaient pas de se laver alors. A l'extrémité est un jardin entouré de portiques et orné d'une pissine, d'un jet d'eau et d'une treille. Sous le portique, sont des celliers où existent encore des amphores contenant un vin desséché durant dix-huit siècles. Dix-sept squelettes furent trouvés lors des fouilles auprès de ces celliers ; on a pu retirer l'un d'eux dont les cendres durcies ont moulé les épaules admirables d'une jeune femme ; à quelques pas plus loin deux enfants avaient succombé, des restes de chevelure demeuraient attachés à leur crâne, et, chose remarquable, elles étaient blondes.

Arrius Diomède, à qui appartenait cette villa, est soupçonné d'avoir fui en abandonnant sa femme et ses enfants (1) ; près de la porte du jardin, on a recueilli un squelette tenant une clef et près de lui des vases précieux et une centaine de pièces en or et en argent. Tous les Diomède, à ce qu'il paraît, ne valaient pas grand chose ; celui qu'Hercule condamna à être mangé à son tour pour antropophagie, celui qui assassinait un petit peu la déesse Vénus, et enfin cet Arrius Diomède retrouvé fuyant seul avec ses trésors, en oubliant sa femme, ses enfants et ses serviteurs.

Nous allons suivre un peu au hasard les intéressantes révélations qui émanent des fouilles.

Dans le temple d'Isis, des escaliers secrets dissimulés par la statue permettaient aux prêtres de faire rendre des oracles à cette déesse égyptienne. D'autres divinités ornaient son intérieur ; Osiris, Harpocrate, Vénus, etc. On y a recueilli des ustensiles en

(1) Du pays.

bronze à l'usage du culte, des sistes, des couteaux, des cymbales, des goupillons, des trépieds, etc. Plusieurs squelettes se trouvaient dans les chambres, l'un d'eux dînait au moment de la catastrophe, il avait près de lui des œufs, du poisson, un poulet, du vin, des couronnes de fleurs. Le pauvre homme !

Une révélation non moins curieuse est celle de deux ateliers, l'un de peinture, l'autre de sculpture. Dans le premier on voit une fresque composée de nains entourant un artiste devant une sorte de chevalet, occupé à peindre un portrait. Le personnage est drapé dans sa toge, tandis que des amateurs discutent à l'écart. Près du peintre est une table où sont placés les couleurs, un pot, des pinceaux, enfin une autre figure, celle-là en caricature, allonge un cou de cigogne afin d'admirer le chef-d'œuvre.

Dans l'atelier du statuaire on a trouvé des blocs de marbre, des statues à peine dégrossies, des maillets, des compas, des ciseaux, des leviers en fer, des scies, dont une restée engagée dans un bloc.

La maison de *Pausa*, découverte en 1814, celle du poëte tragique, 1824, et la maison du questeur, 1830, sont les plus curieuses de Pompéï. Celle de Pausa était probablement la plus grande et la plus belle de la cité; entourée de boutiques (tabernæ) qui avaient leurs ouvertures sur trois rues, cette habitation a été trop bien décrite dans le *pompéianarum antiquitatum historia* rédigé par tous ceux qui ont présidé aux fouilles depuis cent ans, pour que nous ayons à en entretenir le lecteur.

Du reste, à chacune des stations que fait le voyageur au milieu de cette nécropole, le regret se fait sentir de n'avoir plus sous les yeux les objets mobiliers qui garnissaient la cité et qu'on a en grande partie transportés au musée national ou *studje*. On a bien réuni dans une pièce quelques restes d'antiquité, mais ce sont les moins importants, et ils sont en trop petit nombre pour satisfaire les touristes. Il en existe, il est vrai, de peu délicats qui ne craindraient pas de dévaliser la pauvre ville ; à ce pillage qui se produit d'une autre façon, de même qu'à la conservation des peintures murales et des inscriptions qui couvrent les constructions pompéiennes, il serait facile de porter remède. Les Anglais et les Anglaises sont bien certainement les plus dévastateurs. M. Lapierre a été témoin d'un sacrilége de cette espèce. Une jeune *miss*, aux boucles blondes, à la démarche innocente, qu'on n'aurait jamais soupçonnée d'autant de perversité, se permit un jour, pendant qu'elle se croyait seule, de découper dans une fresque, avec un joli petit brigand de couteau, un bras d'amour, une jambe de danseuse, une tête de Bacchus, la trinité de Pompéi, qu'elle cachait dans son mouchoir jusqu'à ce que ces larcins vinssent orner à Londres son étagère de Piccadilly, de Pall-mal ou de Saint-James-Square.

Il n'est pas rare d'ailleurs que des poètes ou des antiquaires, ces deux chercheurs d'inconnu, s'arrangent pour échapper aux regards des gardiens, afin de pouvoir errer librement la nuit dans la cité fondée par Hercule. Après une journée passée à étudier les restes de Pompéï, à rappeler des souvenirs classiques, il se conçoit que l'hallucination s'empare de cervaux surexcités. Ecoutez !

La voie Domitienne s'encombre de passants et de chars de toute espèce. En voici un magnifique attelé par deux chevaux qu'un jeune patricien conduit lui-même. Sa tunique, brillante de la pourpre de Tyr, est retenue par des agrafes d'émeraudes et de topazes; les manches de cette tunique sont garnies de franges d'or; son cou est entourée d'une chaîne de même métal à tête de serpent; une large ceinture brodée de dessins étrusques renferme sa taille, et sert à soutenir sa bourse, son mouchoir, son stylet et ses tablettes. Il va aux bains, il traverse le quartier peuplé de nombreuses boutiques qui laissent voir les peintures variées qui les décorent.

Partout des fontaines lançant dans l'air leurs jets pour diminuer les chaleurs de l'été, la foule se groupe dans leur voisinage, les esclaves circulent sur le milieu de la chaussée avec des seaux de bronze qu'ils portent sur la tête; les filles de la campagne offrent leurs corbeilles de fleurs et de fruits; les vins, rangés dans des vases, sur des tablettes de marbre, portant la date et le nom de leurs espèces, invite à s'asseoir à l'ombre des tentures qui garnissent les boutiques où il se vend. Parfois au milieu de cette tourbe dont la vie se passe habituellement au Forum ou au théâtre, apparaît une illustre patricienne, couverte de bijoux, soutenue par deux jeunes filles, chargées d'objets de toilette ; plus loin c'est une célèbre Hétaïre ; leur présence agite tout ce peuple, on se presse, on les suit ; tous les connaissent, leur parlent ; la richesse, la position sociale, n'apportent aucun obstacle à la familiarité de leurs concitoyens.

Mais où va cette foule animée? Suivons-la, nous arrivons, en prenant la rue della Fortuna ou celle des Orfèvres, aux bains, *termæ stabianæ* ; sous le portique des personnes de toutes classes se reposent, tandis que d'autres, suivant l'ordonnance du médecin, se promènent ou s'arrêtent pour regarder les annonces des jeux, de ventes, ou du spectacle promis à l'amphithéâtre. L'un d'eux tient à la main un billet de théâtre ainsi conçu :

Cav. II.

Cvn. III.

Grad. VIII.

Casina.

Plauti.

Ce qui veut dire : 2me travée, 3e coin, 8e gradin. Comédie de Plaute.

A cette époque, bien différente de celle actuelle en Italie, les bains étaient une des principales occupations de la vie. Généralement ils se prenaient à la vapeur et ne duraient que quelques minutes, mais tout ce qui complétait cet acte higiénique exigeait une longue séance.

Les esclaves au sortir de la salle d'ablution, s'emparaient du patient, le raclaient avec une sorte de grattoir et répandaient sur lui de frais parfums. D'autres, ayant à la main des fioles d'or, d'albâtre ou de cristal, ornées de pierres précieuses, adoucissaient la peau par les onguents les plus rares et la frottaient ensuite d'une poudre qui empêchaient la chaleur de revenir. Il s'habillait alors et il passait dans une pièce voisine, où mollement étendu sur des siéges de bronze, recouverts de moelleux coussins, il entendait une suave musique ou assistait à des danses de bacchantes célébrant quelques *Dionysées*.

La scène change, nous sommes parvenus jusqu'à l'amphithéâtre, près de la porte de *Sarnus*. Il y a grande représentation, on joue une comédie du poète Ombrien, que ses ennemis ont surnommé *Asinus*. Pompéï tout entier semble s'être donné rendez-vous à ce spectacle. Le podium est garni de patriciens, de magistrats et de vestales, plus haut sont les chevaliers, le peuple, et sur le sommet des gradins se voient des groupes de femmes en costume éclatant. Une immense toile pourpre, tendue au-dessus du théâtre préserve les spectateurs du soleil ou de la pluie ; une sorte de rosée odorante, composée de vin et de safran, rafraîchit l'air en y répandant son parfum. Le proscenium est occupé, la représentation commence, les acteurs paraissent avec le masque antique, les rires éclatent........ Et c'est au milieu d'une population ardente, riche, heureuse, insouciante du terrible voisinage d'un volcan dont la fumée venait parfois interrompre les plaisirs, qu'une affreuse catastrophe devait ensevelir la ville entière, cette ville qui avait servi de résidence à Phèdre, à Sénèque et à Cicéron !

Hélas ! si l'épouvante et le désespoir furent terribles pour tous ces malheureux succombant au plus horrible désastre, le réveil est bien triste, lorsque le poète et l'antiquaire se retrouvent seuls dans ces ruines d'apparences si récentes, mais dépouillées de ce qui leur donnait leur physionomie. (1)

Chateaubriant aurait voulu que les ustensiles de ménage, les instruments des divers métiers, les meubles, les statues, les manuscrits fussent remis à la place où, après avoir déblayé les constructions, les fouilles les avaient découverts.

Il allait plus loin, il désirait que les toits, les plafonds, les fenêtres fussent rétablis pour compléter la restauration et empêcher la dégradation des peintures murales. La reine Caroline Murat eut un instant la pensée de réaliser ce vœu de poète et d'antiquaire ; elle aurait demandé que cette ville fût repeuplée d'habitants auxquels on aurait assigné pour première condition d'adopter le cos-

---

(1) Le savant *Ignarra*, dans sa dissertation latine, *de urbis Neapolis, regione Herculanensis*, prouve que ces deux villes ne disparurent tout à fait que lors de l'éruption du Vésuve de 471.

tume grec dans toute sa pompe et qui en seraient devenus les custodes. C'était un rêve comme celui que nous venons de faire, Naples et Rome devaient hériter des richesses abandonnées par les morts..... *Pulverem reverteris*, mais Rome et Naples ne sont que de vastes musées, tandis que Pompéï est encore l'antiquité vivante.

Nous venons de mentionner les manuscrits; ce côté moral de la cité antique n'a pas fait défaut dans les fouilles. Près de trois mille rouleaux de papyrus sont rangés au musée national sur les rayons de vastes armoires. Lorsque les ouvriers découvrirent, pour la première fois, ces petits rouleaux noirs de deux à quatre pouces sur vingt-cinq à trente lignes de diamètre, ils les prirent pour des morceaux de charbon, et les savants présidant aux fouilles laissèrent détruire ce produit de la pensée. Ce ne fut que vers 1750, lors de la découverte d'une villa près de Portici, qu'ils songèrent à examiner, dans une pièce qu'on venait de déblayer, une armoire en forme de table qui en occupait le milieu, laquelle était couverte d'une grande quantité de rouleaux carbonnisés rangés avec symétrie. Un visiteur examina l'un de ces rouleaux avec attention, il parvint à y distinguer des caractères grecs ; on venait de rencontrer une riche bibliothèque garnie d'encriers, de stylets et de roseaux à écrire, ornée des bustes en bronze d'Epicure, d'Hermarque, de Zenon et de Démosthène, et contenant peut-être des pages immortelles condamnées à l'oubli.

Au premier abord, la difficulté de lire ces manuscrits parut insurmontable ; le feu les avait tellement calciné et rendu si friable, qu'ils tombaient en poussière au moindre contact. La persévérance et l'industrie du père Antonio Piaggi parvint à vaincre ces obstacles, il trouva le moyen de dérouler et de fixer sur une membrane transparente ces cylindres qui ne présentaient pas plus de consistance que notre papier noirci par les flammes. C'est à lui qu'on doit la machine dont se servent aujourd'hui quelques érudits pour pénétrer dans les mystères qui nous ont été cachés durant vingt siècles.

Après une visite à Pompéï, Herculanum n'offre que peu d'attraits. Cette ville, enfouie sous vingt à trente mètres de lave et de boue, est recouverte aujourd'hui par Résina et Portici. M. Hamilton a compté six couches superposées provenant de différentes éruptions dans cette masse de matières. Chacune d'elle est indiquée par un lit de terre végétale, et ce qui prouve des cataclysmes que l'histoire passe sous silence, on a recueilli dans cette terre des masses de coquilles maritimes ou terrestres. La tradition raconte qu'ici ce fut un boulanger de Résina qui en creusant un puits commença à recueillir des colonnes et des statues.

Marco Lunizio nous fait errer dans les rues montueuses de Résina et nous arrête devant une maison de modeste apparence. Le *concierge* de la ville enterrée, pauvre hère à l'apparence maladive, nous reçoit avec une nonchalance et une tristesse qui est tout-à-fait dans son emploi. Il nous distribue des cierges allumés, nous le suivons dans d'étroits et sombres couloirs ; on monte, on descend, il nous semble que nous visitons des catacombes. Voici, nous dit-on, le théâtre d'Herculanum, construit aux frais de Mammianus Rufus, par Numisius l'architecte, qui y a fait graver son nom ; ensuite la basilique, la villa des papyrus, la maison d'Argus, etc. Nous ne voyons rien que des caves humides, obstruées par des piliers massifs, destinés à étayer les terres supérieures. Tous les bronzes trouvés à Herculanum ont un revêtement de tristesse qui révèle leur sommeil dans cet horrible séjour, bien différents en cela de ceux sortis de Pompéï dont le vert offre une couleur qui a transmis son nom dans les arts.

Nous nous hâtons de quitter ces tombeaux, de retrouver les rayons du soleil et les maisons croulantes de Résina. Une belle Italienne au sourire joyeux nous invite à entrer dans un tout petit jardin du voisinage sans trop comprendre ce qu'elle veut nous faire voir ; c'est une pauvre petite plante dont la graine s'est rencontrée dans les fouilles, et qui, semée du temps de Titus, reverdit et se couvre chaque année de fleurs ; nous en acceptons une, que nous avons gardée comme témoignage de la fragilité des choses humaines et de la puissance infinie de la nature.

CHAPITRE XVIII

RÉSUMÉ

La nation. — La Langue. — Les Arts. — Situation politique. — Conclusion.

La politique et l'ambition ont créé l'unité actuelle de l'Italie, cette unité n'est qu'apparente et gouvernementale.

Trop de droits et d'intérêts ont été froissés dans cette œuvre ambitieuse, l'origine de l'annexion de Rome et de Naples, les deux principaux diamants de ce brillant écrin, est tellement entachée d'illégalités et de trahisons, que des doutes sur l'avenir unitaire de ce pays doivent naître dans la pensée du touriste qui vient de le parcourir.

Il suffit d'étudier le passé de la Péninsule, de se rendre compte de ses jours de grandeur, de constater les monuments de sa gloire, pour être convaincu que la nation italienne, soumise à cette loi générale de développement et de décadence qui frappe les sociétés comme les hommes, se trouve sur un déclin qui peut parfois se relever, mais qui touche définitivement à la sénilité et à la mort.

Pour être logique, nous devons croire que les révolutions ne se produisent chez un peuple et pour un peuple que pour le bien-être, l'intérêt, la gloire de tous ; l'Italie a-t-elle, en effet, recueilli ces bienfaits dans son unité nominative ?

Ce grand mouvement social, lorsqu'il est sincère et qu'il prend sa source dans un patriotisme réel, doit féconder des hommes nouveaux, des caractères, de larges et productives vues d'ensemble, eh bien! jusqu'ici tout est mesquin, petit dans cette révolution.

Cavour, un diplomate habile mais peu honorable; Garibaldi, un paladin moderne, devenu général pour avoir pourfendu tous les moulins à vent des deux Siciles, heureux en aventures, comédien à costume nouveau, qui réveille notre curiosité blasée, voilà les types engendrés par cet immense élan national, dont devait sortir la régénération entière d'un peuple.

Quel spectacle nous a offert le parlement recruté dans les intelligences d'élite du pays? Pas un grand caractère, pas un véritable orateur, pas un homme de talent! rien que l'originalité militaire de Bixio, pour amuser la galerie !

Et les administrateurs? on les a vus à l'œuvre !

Faut-il citer, à Naples, San Martino, succédant à M. Nigra, qui succédait à M. Farini, qui succédait à Conforti, ainsi de suite comme dans la Genèse!... N'est-on vraiment pas autorisé, quand on observe cette marche au hasard, sans autre objet qu'une misérable satisfaction d'unité prétendue et de prétendue liberté, à dire que les Italiens excellent non pas *à fare da se*, mais à défaire d'eux-mêmes !

Vienne ce que le grand nombre des Italiens travaillent à obtenir, ce qu'ils rêvent pour la grandeur de la patrie, non la république de l'ancienne Rome avec ses empereurs et ses esclaves, mais la république radicale, et l'on sera à même de se demander, si ce nouveau régime n'est pas pour l'Italie la dernière lueur jetée par ce phare classique des lettres et des arts, et si le socialisme ne constitue pas l'antropophagie des peuples civilisés.

Pour les touristes venant des contrées du nord, s'ils traversent les Alpes helvétiques ou tyroliennes, tout est contrastes et nouveautés dans cet aspect de la nature, les habitudes et la langue. Aux versants des montagnes qui séparent de l'Italie, l'idiome est différent; pour la France, quelques rapports existent bien encore ; mais pour l'Allemagne, quelle séparation dans le langage et même dans la pensée ! L'oreille est froissée au nord par des sons gutturaux, par une accumulation de consonnes parfaitement en rapport avec les mœurs rudes et sauvages, la nature triste et froide, tandis qu'au sud, en débouchant par de riantes vallées où des lacs reflètent les guirlandes de treilles, où des groupes de lauriers ou d'orangers aux fruits d'or bordent la voie, un idiome doux et suave, comme l'air que vous respirez, vous accueille à l'entrée de cette terre bénie par le soleil. Le bonheur que vous souhaite le passant, la requête modulée par le mendiant, les accents de colère du postillon ou du muletier, les chants du vigneron ou du pêcheur, le caquet gracieux de la jeune fille, tout jusqu'aux réclamations impertinentes de l'aubergiste, tout est dit, murmuré ou chanté avec une mélodie où les voyelles les plus claires, les plus retentissantes semblent se chercher et se rencontrer toujours. Ce que vous entendez, c'est la langue du cœur, la langue du diminutif caressant ou railleur, des augmentatifs burlesques, la langue de l'ironie doucereuse, qui rappelle ce mot, — qu'elle a été donnée à l'homme pour dissimuler sa pensée ; aussi est-ce à tort que durant longtemps on s'est imaginé que l'étude de l'italien était d'une extrême facilité. On arrive assez vite, il est vrai, à se rendre maître d'une série de mots et de phrases banales, mais la syntaxe est délicate, des nuances presqu'imperceptibles changent le sens et la portée d'une phrase, la prononciation qui paraît simple est d'une exquise finesse, l'accentuation donne toute sa valeur à cette langue excessivement musicale. *Lingua Toscana in bocca romana*, ou construction florentine et prononciation romaine, tel est le précepte proverbial qui résume depuis des siècles l'application de la *Grammaire italienne* et que cependant très-peu de voyageurs ont compris et noté.

La résurrection des lettres en Italie ne peut être fixée au-delà de la seconde moitié du XIIIe siècle. L'italien ainsi que les autres langues romaines sont à la fois le produit d'une décomposition et d'une reconstruction, d'une décomposition naturelle, spontanée, instinctive du latin rustique qui donna naissance aux nombreux dialectes adaptés aux besoins des diverses localités de la Péninsule italique. Raynouard affirme qu'une langue romane intermédiaire a été la souche de l'italien, du provençal, du français, de l'espagnol, etc. L'hypothèse est séduisante, mais elle est généralement repoussée par cette masse de savants pour lesquels le grec et le latin sont les bases de toutes les études historiques et philologiques.

Quoi qu'il en soit, Dante Alighieri, élève de Brunneto latini (si un poète de son génie peut reconnaître un maître), ouvre l'ère de gloire des lettres en Italie ; le nombre des poètes, des prosateurs, des savants qui se succèdent forme une brillante pléiade dont aucun pays n'a fourni l'exemple. Nous n'avons pas à entreprendre la nomenclature de toutes ces gloires, mais au nom du Dante, à cette figure sévère du grand génie qui ouvre la carrière, opposons celui de Silvio-Pellico, symbole de notre époque et jugeons si le passé peut encore revivre dans l'avenir.

Nous avons dit ailleurs, dans ce livre, à quelle décadence était arrivée l'école des Beaux-Arts à Rome ; il nous serait pénible de revenir en l'affirmant sur ce sujet. Longtemps avant nous cette défaillance a été constatée par des juges sagaces, sans qu'ils soient parvenus à en déterminer la cause. On a dit que la grande école du siècle de Léon X avait été inspirée par un sentiment de foi catholique maintenant éteint, par une vive émulation entre les éminents génies qui font sa gloire; mais en admettant même ces assertions, leur valeur ne nous semblerait pas suffisante. En effet, de notre temps, ce que la foi a pu inspirer, la lumière que des intelligences supérieures ont répandue, l'horizon sans fin que les connaissances humaines ont ouvert pour tous, ne doivent-ils pas exciter les esprits, faire jaillir le génie comme il a étincelé au xvie siècle. Le monde entier de nos jours aime et apprécie les arts, chaque aptitude rencontre son juge et parfois son admirateur, le cercle auquel s'adressent les artistes est immense ; leur talent, leurs œuvres auraient du grandir en proportion et cependant... que voyons-nous ?... Un affaissement complet résultant de cette dérivation de l'esprit des sociétés modernes, appliquée au perfectionnement de la matière et la production des aspirations vulgaires acceptées par un public réaliste dont le sens moral a cessé d'exister.

Que conclure de ces considérations sommaires et cependant déjà trop sérieuses pour les croquis d'articles que nous avons fait passer sous les yeux du lecteur. Hélas ! un triste avenir que nous n'entrevoyons qu'à travers des nuages gros de tempête. Que les forces vives de la nation se soient dirigées vers un but réel, la délivrance du pays du joug étranger, l'unité d'un peuple ayant la même origine, parlant la même langue, nous le comprenons, mais ce qu'un homme d'état avait rêvé, ce que les évènements se sont chargés d'accomplir, se trouve maintenant insuffisant à satisfaire l'ambition des masses que travaillent les doctrines sociales plus qu'un sincère patriotisme. L'État n'est plus le maître, il suit le torrent, il obéit; comme tant d'autres pilotes navigant au milieu des révolutions, Cavour disait qu'il mettrait cinquante ans à accomplir son *quatre-vingt-neuf*, en sachant éviter les échafauds et les représailles (1), il oubliait qu'aucune puissance ne saurait résister aux flots populaires affranchis de tout frein moral, ivres de promesses trompeuses, d'un avenir irréalisable. Un aveu naïf qui nous fut fait un jour en Italie par un patriote gonflé d'espérance : — Il faut respecter les lois, lui disions-nous. — Oui, sans doute, répondit-il, mais celles que nous aurons faites. — N'y a-t-il pas dans cet aveu toute une révélation ?

En résumé, il fallait voir l'Italie avant son autonomie, elle n'est plus ce qu'elle a été et, quoiqu'elle soit encore plus loin de nous, sous bien des rapports, que des contrées séparées par l'Atlantique, le touriste doit se hâter de visiter ce qui reste d'un passé pittoresque, de monuments admirables, de trésors légués par le génie, s'il tient à saisir cette curieuse physionomie, qui chaque jour se fond davantage dans la vulgarité générale; l'orage peut arriver, tout peut disparaître en ne laissant que de stériles souvenirs.

(1) Henri d'Ideville.

www.ingramcontent.com/pod-product-compliance
Lightning Source LLC
Chambersburg PA
CBHW070639170426
43200CB00010B/2073